गद्य-यात्रा

गद्य-यात्रा

सम्पादक
डॉ. श्रीराम शर्मा
प्रोफ़ेसर, हिन्दी-विभाग
हिमाचल प्रदेश विश्वविद्यालय
शिमला-171 005

अरुणोदय प्रकाशन

ISBN : 81-88473-73-1

अरुणोदय प्रकाशन
21-ए, दरियागंज, नयी दिल्ली-110002
द्वारा प्रकाशित
संस्करण : 2009

मूल्य : 40.00
आर. टेक ऑफसेट प्रिंटर्स, दिलशाद गार्डन
दिल्ली-110095, द्वारा मुद्रित

GADHYA-YAATRAA
edited by : Dr. Shriram Sharma

भूमिका

आधुनिक हिन्दी गद्य की भाषा खड़ी बोली है। मुंशी सदासुखलाल, इंशा अल्ला खाँ, सदल मिश्र और लल्लू लाल ने जॉन गिल क्राइस्ट की प्रेरणा से खड़ी बोली गद्य की नींव रखी। उन्नीसवीं शताब्दी के उत्तरार्द्ध में समस्त उत्तर भारत में राष्ट्रीय चेतना की लहर-सी दौड़ गयी। भारतेन्दु हरिश्चन्द्र का आविर्भाव हिन्दी गद्य के लिये वरदान सिद्ध हुआ। उन्होंने अपनी असाधारण प्रतिभा द्वारा हिन्दी गद्य को एक नवीन दिशा एवम् गति प्रदान की। इनके प्रयास एवम् श्रम के कारण ही हिन्दी गद्य के रूप का वास्तविक विकास हुआ।

गद्य में नवीन भावनाओं के परिष्कार का श्रेय आचार्य महावीर प्रसाद द्विवेदी को जाता है। 'सरस्वती' पत्रिका के सम्पादन कार्य से उन्हें बहुत अधिक सहायता मिली। इन्होंने शब्द-भण्डार, व्याकरण, विराम चिह्न आदि की दृष्टि से भाषा का एक आदर्श रूप प्रस्तुत किया। इन्होंने नये निबन्ध-लेखकों को आगे बढ़ने के लिये प्रेरित किया। इस युग के लेखकों में आचार्य रामचन्द्र शुक्ल जैसे लेखक भी रहे। शुक्ल जी ने पौर्वात्य और पाश्चात्य साहित्य का मन्थन करके निबन्ध के क्षेत्र में हिन्दी गद्य को श्रेष्ठतम भाषाओं के गद्य के निकटतम तक पहुँचा दिया। मुंशी प्रेमचन्द ने कथा एवम् निबन्ध के क्षेत्र में एक नये युग का सूत्रपात किया। स्वातन्त्र्योत्तर काल में गद्य के क्षेत्र में अधिक विविधता दिखायी देने लगी है।

आज हिन्दी गद्य की अनेक विधाएँ प्रचलित हैं। इनमें मुख्य रूप से निबन्ध, जीवनी, आत्मकथा, संस्मरण, रेखाचित्र, पत्रलेखन, डायरी, भेंट वार्ता, रिपोर्ताज, व्यंग्य, यात्रा-वृतान्त, उपन्यास, कहानी, नाटक, एकांकी, आलोचना, रेडियो आदि हैं। इस संकलन में गद्य की आधुनिक विधाओं का चयन किया गया है। प्रस्तुत संकलन के द्वारा निबन्ध, ललित निबन्ध, रेखाचित्र, व्यंग्य, संस्मरण, यात्रा वृतांत, जीवनी और रिपोर्ताज जैसी विधाओं से गद्य के प्रचलित विविध रूपों का परिचय प्राप्त होता है।

–डॉ. श्रीराम शर्मा

विषय-सूची

रामचन्द्र शुक्ल

आचार्य रामचन्द्र शुक्ल का जन्म उत्तर प्रदेश में बस्ती ज़िले के अगौना नाम गाँव में 4 अक्तूबर, सन 1884 को हुआ।

आचार्य रामचन्द्र शुक्ल की प्रतिभा का परिचय साहित्य-जगत को उस समय हुआ जब वे नागरी प्रचारिणी सभा द्वारा तैयार कराये जाने वाले शब्दकोश–हिन्दी शब्दसागर–का सम्पादन कर रहे थे। 'हिन्दी शब्दसागर' की भूमिका बाद में उनके प्रसिद्ध ग्रन्थ 'हिन्दी साहित्य का इतिहास' के रूप में प्रकाशित हुई। मनोविकार सम्बन्धी निबन्धों–'श्रद्धा-भक्ति', 'लोभ और प्रीति', 'उत्साह', 'करुणा', 'क्रोध' के प्रकाशन से उन्हें हिन्दी के श्रेष्ठ निबन्धकार के पद पर प्रतिष्ठा मिली। ये निबन्ध उस समय 'नागरी प्रचारिणी पत्रिका' में प्रकाशित हुए थे। 'चिन्तामणि भाग-1' में उनके मनोविकार सम्बन्धी एवं चिन्तनात्मक निबन्ध संगृहीत हैं। चिन्तामणि भाग-2' में समीक्षात्मक निबन्ध हैं। 'चिन्तामणि भाग-3' में उनके अप्रकाशित निबन्धों-लेखों का सम्पादन नामवर सिंह ने किया है और 'चिन्तामणि भाग-4' में उनके अब तक के अप्रकाशित एवं अनूदित लेख संगृहीत हैं।

विचारप्रधान निबन्धों का जो सीमा चिह्न शुक्लजी ने अपने निबन्धों द्वारा प्रस्थापित किया, हिन्दी निबन्ध उसे रेखा को लाँघ नहीं पाया। सूक्ष्म विश्लेषण, प्रौढ़ चिन्तन, व्यापक अनुभव और पाण्डित्यपूर्ण संवेदनात्मक दृष्टि शुक्लजी के निबन्धों की विशेषताएँ हैं। वे प्रारम्भ में एक सूत्र प्रस्तुत करते हैं, फिर एक-एक तथ्य का समास शैली में विश्लेषण करते हुए अपने विचार को पुष्ट करते जाते हैं। वाक्य रचना में कसाव एवं तत्समप्रधान परिमार्जित प्रांजल भाषा उनके निबन्धों की विशेष पहचान है।

शुक्ल जी का देहावसान 2 फरवरी, सन 1941 को काशी में हुआ।

1. क्रोध

रामचन्द्र शुक्ल

क्रोध दुःख के चेतन कारण के साक्षात्कार या अनुमान से उत्पन्न होता है। साक्षात्कार के समय दुःख और उसके कारण के सम्बन्ध का परिज्ञान आवश्यक है। तीन-चार महीने के बच्चे को कोई हाथ उठा कर मार दे तो उसने हाथ उठाते तो देखा है पर अपनी पीड़ा और उस हाथ उठाने से क्या सम्बन्ध है, यह वह नहीं जानता है। अतः वह केवल रो कर अपना दुःख-भाव प्रकट कर देता है। दुःख के कारण की स्पष्ट धारणा के बिना क्रोध का उदय नहीं होता। दुःख के सज्ञान कारण प्रबल प्रभाव डालने में प्रवृत्त करने वाला मनोविकार होने के कारण क्रोध का आविर्भाव बहुत पहले देखा जाता है। शिशु अपनी माता की आकृति से परिचित हो जाने पर ज्योंही यह जान जाता है कि दूध इसी से मिलता है, भूखा होने पर वह उसे देखते ही अपने रोने में कुछ क्रोध का आभास देने लगता है।

सामाजिक जीवन में क्रोध की ज़रूरत बराबर पड़ती है। यदि क्रोध न हो तो मनुष्य दूसरों के द्वारा पहुँचाए जाने वाले बहुत-से कष्टों की चिरनिवृत्ति का उपाय ही न कर सके। कोई मनुष्य किसी दुष्ट के नित्य दो-चार प्रहार सहता है। यदि उसमें क्रोध का विकास नहीं हुआ है तो वह केवल आह-ऊह करेगा जिसका उस दुष्ट पर कोई प्रभाव नहीं पड़ेगा। उस दुष्ट के हृदय में विवेक, दया आदि उत्पन्न करने में बहुत समय लगेगा। संसार किसी को इतना समय छोटे-छोटे कामों के लिये नहीं दे सकता। भयभीत हो कर भी प्राणी अपनी रक्षा कभी-कभी कर लेता है, पर समाज में इस प्रकार प्राप्त दुःख निवृत्ति चिरस्थायिनी नहीं होती। हमारे कहने का अभिप्राय यह नहीं है कि क्रोध के समय क्रोध करने वाले के मन में सदा भावी कष्ट से बचने का उद्देश्य रहा करता है। कहने का तात्पर्य केवल इतना ही है कि चेतन सृष्टि के भीतर क्रोध का विधान इसीलिए है।

जिससे एक दुःख पहुँचा, पर उसके दुहरा जाने की सम्भावना कुछ भी नहीं है उसको जो कष्ट पहुँचाया जाता है वह प्रतिकार मात्र है, उसमें रक्षा की भावना कुछ भी नहीं रहती। अधिकतर क्रोध इसी रूप में देखा जाता है। एक-दूसरे से अपरिचित दो आदमी रेल पर चले जा रहे हैं। उनमें से एक को आगे के स्टेशन पर ही उतरना है। स्टेशन तक पहुँचते-ही-पहुँचते बात-ही-बात में एक ने दूसरे को तमाचा जड़ दिया और उतरने की तैयारी करने लगा। अब दूसरा मनुष्य भी उतरते-उतरते उसे एक तमाचा लगा दे तो यह उसका बदला या प्रतिकार ही कहा जायेगा, क्योंकि उसे फिर उसी व्यक्ति से तमाचे खाने का कुछ भी निश्चय नहीं था। जहाँ और दुःख पहुँचने की कुछ भी सम्भावना होगी वहाँ शुद्ध प्रतिकार न होगा, उसमें स्वरक्षा की भावना भी मिली होगी।

हमारा पड़ोसी कई दिनों से नित्य आ कर हमें दो-चार टेढ़ी-सीधी सुना जाता है। यदि हम एक दिन उसे पकड़ कर पीट दें तो हमारा यह कर्म शुद्ध प्रतिकार न कहलायेगा, क्योंकि हमारी दृष्टि नित्य गालियों के सहने के दुःख से बचने के परिणाम की ओर भी समझी जायेगी। इन दोनों दृष्टान्तों को ध्यान से देखने पर पता लगेगा कि दुःख से उद्विग्न हो कर दुःखदाता को कष्ट पहुँचाने की प्रवृत्ति दोनों में है, पर एक में वह परिणाम आदि का विचार बिल्कुल छोड़े हुए है और दूसरे में कुछ लिये हुए। इनमें से पहले दृष्टान्त का क्रोध उपयोगी नहीं दिखायी पड़ता, पर क्रोध करने वाले के पक्ष में उसका उपयोग चाहे न हो, पर लोक के भीतर यह बिल्कुल ख़ाली नहीं जाता। दुःख पहुँचाने वाले से हमें फिर दुःख पहुँचने का डर न सही, पर समाज को तो है। इससे उसे उचित दण्ड देने से पहले तो उसी की शिक्षा या भलाई हो जाती है, फिर समाज के और लोगों के बचाव का बीज भी बो दिया जाता है। यहाँ पर यही बात है कि क्रोध के समय लोगों के मन में लोक-कल्याण की यही व्यापक भावना सदा नहीं रहा करती। अधिकतर तो ऐसा क्रोध प्रतिकार के रूप में ही होता है।

यह कहा जा चुका है कि क्रोध दुःख के चेतन कारण के साक्षात्कार या परिज्ञान से होता है। अतः एक तो जहाँ कार्य-कारण के सम्बन्ध-ज्ञान में त्रुटि या भूल होती है वहाँ क्रोध धोखा देता है। दूसरी बात यह है कि क्रोध करने वाला जिस ओर से दुःख पाता है उसी ओर देखता है, अपनी ओर नहीं। जिसने दुःख पहुँचाया है उसका नाश हो या उसको दुःख पहुँचे, क्रोध का यह लक्ष्य होता है। न तो वह यह देखता है कि मैंने भी कुछ किया या नहीं और न इस बात का ध्यान रखता है कि क्रोध के वेग में मैं जो कुछ करूँगा उसका परिणाम क्या होगा। यही क्रोध का अन्धापन

है। इसी से एक तो मनोविकार ही एक-दूसरे को परिमित किया करते हैं, ऊपर से बुद्धि या विवेक भी उन पर अंकुश रखता है। यदि क्रोध इतना उग्र हुआ कि मन में दुःखदाता की शक्ति तथा उचित-अनुचित के विचार के लिये जगह ही न रही तो बड़ा अनर्थ खड़ा हो जाता है। जैसे यदि कोई सुने कि उसका शत्रु बीस-पचीस आदमी ले कर उसे मारने आ रहा है और वह चट क्रोध से व्याकुल हो कर बिना शत्रु की शक्ति का विचार और अपनी रक्षा का पूरा प्रबन्ध किये उसे मारने के लिये अकेले दौड़ पड़े तो उसके मारे जाने में बहुत कम सन्देह समझा जायेगा। अतः कारण के यथार्थ निश्चय के उपरान्त, उसका उद्देश्य अच्छी तरह समझ लेने पर आवश्यक मात्रा और उपयुक्त स्थिति में ही क्रोध काम दे सकता है जिसके लिये उसका विकास होता है।

क्रोध की उग्र चेष्टाओं का लक्ष्य हानि या पीड़ा पहुँचाने के पहले आलम्बन में भय का संचार करना रहता है। जिस पर क्रोध प्रकट किया जाता है वह यदि डर जाता है और नम्र हो कर पश्चाताप करता है तो क्षमा का अवसर सामने आता है। क्रोध का गर्जन-तर्जन क्रोधपात्र के लिये भावी दुष्परिणाम की सूचना है, जिससे कभी-कभी उद्देश्य की पूर्ति हो जाती है और दुष्परिणाम की नौबत नहीं आती। एक की उग्र आकृति देख दूसरा किसी अनिष्ट व्यापार से विरत हो जाता है या नम्र हो कर पूर्वकृत दुर्व्यवहार के लिये क्षमा चाहता है। बहुत स्थलों में तो क्रोध का लक्ष्य किसी का गर्व चूर्ण करना मात्र रहता है अर्थात दुःख का विषय केवल दूसरे का गर्व या अहंकार होता है। अभिमान दूसरों के मान में या तो उसकी भावना में बाधा डालता है, इससे वह बहुत-से लोगों को यों ही खटका करता है। लोग जिस तरह हो सके—अपमान द्वारा, हानि द्वारा—अभिमानी को नम्र करना चाहते हैं। अभिमान पर जो रोष होता है उसकी प्रवृत्ति अभिमानी को केवल नम्र करने की रहती है, उसको हानि या पीड़ा पहुँचाने का उद्देश्य नहीं होता। संसार में बहुत-से अभिमान का उपचार अपमान द्वारा ही हो जाता है।

कभी-कभी लोग अपने कुटुम्बियों या स्नेहियों से झगड़ कर क्रोध में अपना ही सिर पटक देते हैं। यह सिर पटकना अपने को दुःख पहुँचाने के अभिप्राय से नहीं होता, क्योंकि बिल्कुल बेग़ानों के साथ कोई ऐसा नहीं करता। जब किसी को क्रोध में अपना ही सिर पटकते या अंग-भंग करते देखें तब समझ लेना चाहिये कि उसका क्रोध ऐसे व्यक्ति पर है जिससे उसके सिर पटकने की परवाह है अर्थात जिसे उसका सिर फूटने से उस समय नहीं तो आगे चल कर दुःख पहुँचेगा।

क्रोध का वेग इतना प्रबल होता है कि कभी-कभी मनुष्य यह भी विचार नहीं करता कि जिसने उसे दुःख पहुँचाने की इच्छा थी या नहीं। इसी से कभी तो वह अचानक पैर कुचल जाने पर किसी को मार बैठता है और कभी ठोकर खा कर कंकड़-पत्थर तोड़ने लगता है। चाणक्य ब्राह्मण अपना विवाह करने जा रहा था, मार्ग में कुश उसके पैर में चुभे। वह चट मट्ठा और कुदाली ले कर पहुँचा और कुशों को उखाड़-उखाड़ कर उनकी जड़ों में देने लगा। एक बार मैंने देखा कि एक ब्राह्मण देवता चूल्हा फूँकते-फूँकते थक गये। जब आग न जली तब उस पर कोप करके चूल्हे में पानी डाल कर किनारे हो गये। इसी प्रकार का क्रोध अपरिष्कृत है। यात्रियों ने बहुत-से ऐसे जंगलियों का हाल लिखा है कि जो रास्ते में पत्थर के ठोकर लगने पर बिना उसको चूर-चूर किये आगे नहीं बढ़ते। अधिक अभ्यास के कारण यदि कोई मनोविकार बहुत प्रबल पड़ जाता है तो वह अन्तःप्रकृति में अव्यवस्था उत्पन्न कर मनुष्य को बचपन से मिलती-जुलती अवस्था में ले जा कर पटक देता है। क्रोध सब मनोविकारों से फुर्तीला है, अवसर पड़ने पर यह और दूसरे मनोविकारों का भी साथ दे कर उनकी तुष्टि का साधक होता है। कभी वह दया के साथ कूदता है, कभी घृणा के। एक क्रूर कुमार्गी किसी अनाथ अबला पर अत्याचार कर रहा है। हमारे हृदय में उस अनाथ अबला के प्रति दया उमड़ रही है, पर दया की अपनी शक्ति तो त्याग और कोमल व्यवहार तक होती है। यदि वह स्त्री अर्थकष्ट में हो तो उसे कुछ दे कर हम अपनी दया के वेग को शान्त कर लेते। पर यहाँ तो उस अबला के दुःख का कारण मूर्तिमान तथा अपने विरुद्ध प्रयत्नों को ज्ञानपूर्वक रोकने की शक्ति रखने वाला है। ऐसी अवस्था में क्रोध ही उस अत्याचारी के दमन के लिये उत्तेजित करता है जिसके बिना हमारी दया ही व्यर्थ जाती। क्रोध अपनी इस सहायता के बदले में दया की वाहवाही को नहीं बँटाता। काम क्रोध का करता है, पर नाम दया का ही होता है। लोग यही कहते हैं कि "उसने दया करके बचा लिया" यह कोई नहीं कहता कि क्रोध करके बचा लिया। ऐसे अवसरों पर यदि क्रोध दया का साथ न दे तो दया अपनी प्रवृत्ति के अनुसार परिणाम उपस्थित ही नहीं कर सकती।

क्रोध शान्ति भंग करने वाला विकार है। एक का क्रोध दूसरे में भी क्रोध का संचार करता है। जिसके प्रति क्रोध-प्रदर्शन होता है वह तत्काल अपमान का अनुभव करता है और इस दुःख पर इसी भी त्योंरी चढ़ जाती है। यह विचार करने वाले बहुत थोड़े निकलते हैं कि हम पर जो क्रोध प्रकट किया जा रहा है वह उचित है या अनुचित। इसी से धर्म, नीति और शिष्टाचार तीनों में क्रोध के निरोध का उपदेश

पाया जाता है। सन्त लोग तो खलों के वचन सहते ही हैं। दुनियादार लोग भी न जाने कितने ऊँची-नीची पचाते रहते हैं। सभ्यता के व्यवहार में भी क्रोध नहीं तो क्रोध के चिह्न दबाये जाते हैं। इस प्रकार का प्रतिबन्ध समाज की सुख-शान्ति के लिये बहुत आवश्यक है। पर इस प्रतिबन्ध की भी सीमा है। यह परपीड़ाकोन्मुख क्रोध तक नहीं पहुँचता।

क्रोध के निरोध का उपदेश अर्थपरायण और धर्मपरायण दोनों देते हैं। पर दोनों में जिसे अति से अधिक सावधान रहना चाहिए वही कुछ भी नहीं रहता। बाकी रुपया वसूल करने का ढंग बताने वाला चाहे कड़े पड़ने की शिक्षा दे भी दे, पर धन के साथ धर्म की ध्वजा ले कर चलने वाला धोखे में भी क्रोध को पाप का बाप ही कहेगा। क्रोध रोकने का अभ्यास ठगों और स्वार्थियों को सिद्धों और साधकों से कम नहीं होता।

जिससे कुछ स्वार्थ निकालना रहता है, जिसे बातों में फँसा कर ठगना रहता है, उसकी कठोर-से-कठोर और अनुचित बातों पर न जाने कितने लोग ज़रा भी क्रोध नहीं करते पर उनका यह अक्रोध न धर्म का लक्षण है, न साधन।

क्रोध के प्रेरक दो प्रकार के दुःख हो सकते हैं—अपना दुःख और पराया दुःख। जिस क्रोध में त्याग का उपदेश दिया जाता है वह पहले प्रकार के दुःख से उत्पन्न क्रोध है। दूसरे के दुःख पर उत्पन्न क्रोध बुराई की हद के बाहर समझा जाता है। क्रोधोत्तेजक दुःख जितना अपने सम्पर्क से दूर होगा उतना ही लोक में क्रोध का स्वरूप सुन्दर और मनोहर दिखायी देगा। अपने दुःख से आगे बढ़ने पर भी कुछ दूर तक क्रोध का कारण थोड़ा-बहुत अपना ही दुःख कहा जा सकता है—जैसे अपने आत्मीय या परिजन का दुःख, इष्टमित्र का दुःख। इसके आगे भी जहाँ तक दुःख की भावना के साथ कुछ ऐसी विशेषता लगी रहेगी कि जिसे कष्ट पहुँचाया जा रहा है वह हमारे ग्राम, पुर या देश का रहने वाला है, वहाँ तक हमारे क्रोध के सौन्दर्य की पूर्णता में कुछ कसर रहेगी। जहाँ उक्त भावना निर्विशेष रहेगी वहाँ सच्ची परदुःखकातरता मानी जायेगी, वहीं क्रोध के स्वरूप को पूर्ण सौन्दर्य प्राप्त होगा—ऐसा सौन्दर्य जो काव्यक्षेत्र के बीच भी जगमगाता आया है।

यह क्रोध करुणा के आज्ञाकारी सेवक के रूप में हमारे सामने आता है। स्वामी से सेवक कुछ कठिन होते ही हैं, पर यह ऐसी कठोरता को भंग करने के लिये होती है जो पिघलने वाली नहीं होती। क्रौंच के वध पर वाल्मीकि मुनि के करुण क्रोध का सौन्दर्य एक महाकाव्य का सौन्दर्य हुआ। उक्त सौन्दर्य का कारण है निर्विशेषता। वाल्मीकि के क्रोध के भीतर प्राणीमात्र के दुःख की सहानुभूति छिपी है। राम के क्रोध

के भीतर सम्पूर्ण लोक के दुःख का क्षोभ समाया हुआ है। क्षमा जहाँ से श्रीहत हो जाती है वहीं से क्रोध के सौन्दर्य का आरम्भ होता है। शिशुपाल की बहुत-सी बुराइयों तक जब श्री कृष्ण की क्षमा पहुँच चुकी तब जा कर उसका लौकिक लावण्य फीका पड़ने लगा और क्रोध की समीचीनता का सूत्रपात हुआ। अपने ही दुःख पर उत्पन्न क्रोध प्रायः समीचीनता तक ही रह जाता है, सौन्दर्यदशा तक नहीं पहुँचता। दूसरे के दुःख पर उत्पन्न क्रोध में या तो हमें क्षमा का अवसर या अधिकार ही नहीं रहता अथवा वह अपना प्रभाव खो चुकी रहती है।

बहुत दूर तक और बहुत काल से पीड़ा पहुँचाने चले आते हुए किसी घोर अत्याचारी का बना रहना ही लोक के क्षमा की सीमा है। इसके आगे क्षमा न दिखायी देगी—नैराश्य, कायरता और शिथिलता ही छायी दिखायी पड़ेगी। ऐसी गहरी उदासी की छाया के बीच आशा, उत्साह और तत्परता की प्रभा जिस क्रोधाग्नि के साथ फूटती दिखायी पड़ेगी उसके सौन्दर्य का अनुभव सारा लोक करेगा। राम का कालाग्नि-सदृश क्रोध ऐसा ही है। यह सात्विक तेज़ है, तामस ताप नहीं।

दण्ड कोप का ही एक विधान है। राजदण्ड राजकोप है, राजकोप लोककोप और लोककोप धर्मकोप है। राजकोप धर्मकोप से जहाँ एकदम भिन्न दिखायी पड़े, वहाँ इसे राजकोप न समझ कर कुछ विशेष मनुष्यों का कोप समझना चाहिए। ऐसा कोप राजकोप के महत्व और पवित्रता का अधिकारी नहीं हो सकता। उसका सम्मान जनता अपने लिये आवश्यक नहीं समझ सकती।

वैर क्रोध का आचार या मुरब्बा है। जिससे हमें दुःख पहुँचा है उस पर यदि हमने क्रोध किया और वह क्रोध हमारे हृदय में बहुत दिनों तक टिका रहा तो वह वैर कहलाता है। इसके स्थायी रूप में टिक जाने के कारण क्रोध का वेग और उग्रता तो धीमी पड़ जाती है पर लक्ष्य को पीड़ित करने की प्रेरणा बराबर बहुत काल तक हुआ करती है। क्रोध अपना बचाव करते हुए शत्रु को पीड़ित करने की युक्ति आदि सोचने का समय प्रायः नहीं देता, पर वैर उसके लिये बहुत समय देता है। सच पूछिए तो क्रोध और वैर का भेद केवल कालकृत है। दुःख पहुँचाने के साथ ही दुःखदाता को पीड़ित करने की प्रेरणा करने वाला मनोविकार क्रोध और कुछ काल बीत जाने पर प्रेरणा करने वाला भाव वैर है। किसी ने आपको गाली दी। यदि आपने उसी समय उसे मार दिया तो आपने क्रोध किया। मान लीजिये कि वह गाली दे कर भाग गया और दो महीने के बाद आपको कहीं मिला। अब यदि आपने फिर बिना गाली सुने, मिलने के साथ ही मार दिया तो वह आपका वैर निकालना हुआ। इस विवरण से स्पष्ट है कि वैर उन्हीं प्राणियों में होता है

जिनमें धारणा अर्थात भावों के संचय की शक्ति होती है। पशु और बच्चे किसी से वैर नहीं मानते। चूहे और बिल्ली के सम्बन्ध का 'वैर' नाम आलंकारिक है। आदमी का न आम-अंगूर से कूछ वैर न भेड़-बकरे से। पशु और बच्चे दोनों क्रोध करते हैं और थोड़ी देर के बाद भूल जाते हैं।

विद्यानिवास मिश्र

विद्यानिवास मिश्र का जन्म सन 1926 को गाँव पकड़डीहा ज़िला गोरखपुर, उत्तर प्रदेश में हुआ। विद्यानिवास मिश्र हिन्दी के ख्यातिप्राप्त निबन्धकार हैं। इनके अब तक अनेक ललित निबन्ध-संकलन प्रकाशित हो चुके हैं। 'छितवन की छाँह', 'कदम्ब की फूली डाल', 'तुम चन्दन हम पानी', 'आँगन का पंछी', और 'बनजारा मन', 'मैने सिल पहुँचायी', 'बसन्त आ गया पर कोई उत्कंठा नहीं', 'मेरे राम का मुकुट भीग रहा है', 'परम्परा बन्धन नहीं है', 'कँटीले तारों के आर-पार', 'कौन तू फुलवा बिनन हारी, 'महाभारत का कार्व्याथ', 'भारतीयता की पहचान', 'शेफाली झर रही है', 'गाँव का मन', 'भावपुरुष श्रीकृष्ण', नैरन्तर्य और चुनौती, 'अग्निरथ', 'लागौं रंग हरी', 'अंगद की नियति' आदि इनके प्रमुख निबन्ध-संकलन हैं। इनकी रचनाओं में सांस्कृतिक अमोघता, भोजपुरी संस्कृति के प्रति अनुराग, परम्पराबोध, आँचलिकता का निरूपण तथा आधुनिक परिवेश अभिव्यक्ति, श्रुतिमधुरता, ग्राम्य सुकुमारता-युक्त शैली का प्रयोग हुआ है।

2. अभी-अभी हूँ, अभी नहीं

विद्यानिवास मिश्र

महीनों से मन में बड़ी उमड़-घुमड़ हो रही है, कभी हिन्दू धर्म के उदार और विश्वजनीन स्वरूप पर लिखने को जी करता है, कभी देश में निष्ठा के तेजी से अवमूल्यन पर, कभी अपने देश के बुद्धिवादी मन में बैठे विलायती चोर पर और कभी दिग्विहीन नयी पीढ़ी के दिग्वहीन आक्रोश पर। सैकड़ों वादे ताख पर पड़े-पड़े ऊब चले हैं, कोई ज़ोरदार हुआ तो चीख़ कर बुलाता है, चौक पड़ता हूँ, स्वधर्म अलग दबाव देता है, जड़ता का प्राचीर तोड़ो। पर कहीं निषेध का ऐसा शिला-खण्ड आ कर पड़ गया है कि सारी उमड़-घुमड़ इससे टकरा कर पीछे की ओर मुड़ जाती है, कहीं निकलने का रास्ता नहीं पाती, कहीं कोई ऐसी प्रतिघातिनी प्रभा है, जो देखने नहीं देती; कहीं कोई ऐसी ख़ौफ़नाक़ आवाज़ है, जो घिग्घी बाँध देती है, कहीं कोई ऐसा देवता है जो बने-अधबने चित्रों की कौन कहे, मन में अँके चित्रों को भी अपने स्याहीपुते हाथ से मेटने पर उतारू है।

किसके लिये लिखा जाये, किससे कुछ कहा जाये, कौन पढ़ता है, कौन सुनता है और पढ़े भी, सुने भी तो फ़र्क़ क्या पड़ता है? जड़-चिन्तन को नकारने वाला चिन्तन भी तो कोई बाती उकसा नहीं पाता। हर साधना आत्मवंचना लगती है, क्योंकि हर वंचना साधना बन कर बहुत जल्दी पुजने लगती है। हर लड़ाई बेमानी लगती है, क्योंकि वह बूमरेंग की तरह अपने ऊपर ही उलट जाने की ज़बर्दस्त सम्भावना रखती है। हर मन्थन ज़हर उगल कर थक जाता है, अमृत तो अनमथे राजबावड़ियों में उतरा रहा है, हाँ, उन बावड़ियों पर श्वेत फणियों का पहरा है। हर खोज सत्य की चर्ख़ी में घुमरी खाने की लम्बी यातना है , क्योंकि सत्य की टाँग टूट गयी है, वह चर्ख़ी पर फिट कर दिया गया है और उसे नचाने वाला एक मिस्त्री है, वह मिस्त्री इसको मेले में घुमा कर पैसे पैदा कर रहा है, पर वह मिस्त्री भी एक संगठन

का चाकर है, पैसे का मालिक संगठन है, मिस्त्री को बस पगार मिलती है, कभी-कभी बोनस भी। हर अनुष्ठान फीका लगता है, क्योंकि अनुष्ठान पर पड़ी फ़्लैश बल्ब की तेज़ रोशनी उसकी सिलवटों को सपाट कर देती है। पूजा का हर बोल खोखला लगता है, क्योंकि उसका शब्द मरे चाम की तरह मढ़ा हुआ है, अर्थ से उसका कोई दैहिक नाता नहीं रह गया है। सही बात कहने का साहस मखौल बन गया है, क्योंकि कायरता सिंहासन पर खड्गहस्त विराजमान है। कहीं कोई चीज़ छूती भी है तो वह छुअन बड़ी घबराहट पैदा कर देती है, मानो वह किसी ज़हरीले कीटाणु की छुअन हो। कहीं कुछ दर्द होता भी है तो वह बहुत पराया लगता है, अपना अंग तो दर्द के संवेदन से संन्यास ले चुका है।

आदर्शों के गुफ़ामन्दिर में बैठता हूँ तो हर मूर्ति, हर शिल्पपट्टिका, हर चँदोवा, हर खम्भ, हर बार्जा, हर मेहराब पर एक तख़्ती लगी पाता हूँ। 'बिकाऊ है'। देश की संस्कृति का प्रत्येक उपादान निर्यात के लिये रेशम की डोरियों में बँध रहा है। गँवईदेहात पर भी निर्यात की सुदृष्टि हो चुकी है। कुछ चीज़ें देसी खपत के लिये है, उनमें मन्दी आ गयी है, गाँधीवाद, अहिंसा, पंचशील, मातृभूमि, हिमालय, भागीरथी, बलिदान, आहुति, मानवतावाद, इनका स्टाक बहुत पड़ा हुआ है, इसीलिए इनकी क़ीमत औनी-पौनी करके 'बिक्री पर छूट' की मुनादी कर दी गयी है, देश में ख़रीददार तो गिन-गिनाये हैं, जो हैं, वे सरकार के ही अंग हैं, बिचारे कहाँ तक ख़रीदें! जड़ता का जीवनदर्शन अब शासन ने पूरी तरह नियामक नीति के रूप में स्वीकार कर लिया है, हिंसा का जवाब सरकार क्यों दे, जनता देगी। ग़रज़ सरकार की है या जनता की। सरकार जनता की है, पर जनता सरकार की तो है नहीं। सरकार की तो बस सरकार है, सरकार यानी कुर्सी की दौड़, जहाँ जीत लपक कर बैठने वाले की है, दौड़ने वाले की नहीं। सत्यों का सत्य महासत्य कुर्सी है, चाहे वह आरामकुर्सी हो या कामकुर्सी हो, वस्तुतः कुर्सी बैठने और ऊँघने या सोने के लिये काम के लिये नहीं। कुर्सी के साथ एक ही सक्रिय क्रिया का जुज बैठता है, वह है तोड़ना, पालथी मार कर बैठे-बैठे 'कुर्सी तोड़ना' यही सच्चा सक्रिय व्यापार है। देखता हूँ आदर्शों का गुफागेह इस महासत्य के प्रकाश से चुँधियाया-सा पड़ा है। देखता हूँ आत्मा-परमात्मा को चीर कर एक अन्तरात्मा का नृसिंहावतार हुआ है और लक्ष्मी हाथ जोड़े विनती कर रही हैं, प्रभु, अब कोप निबेरो।

दिन ऐसे ही ऊहापोह में दुःस्वपनों की रील-से नाचते चले जा रहे हैं। ऐसे में क्या नींद आयेगी, आयेगी तो भी तो सपनों की दूसरी रील उधेड़ती आयेगी।

ऐसे में ही दिन दोपहर एक सपना देखा। टेसू के फूलों की एक सभा हो रही है, सभापति के आसन पर आँकी-बाँकी गुलाबी पाग बाँधे एक बदहवास किस्म का

लफ़ंगा बैठा है, गले में चैती गुलाबों का गजरा, कान में आम का नन्हा-सा तामई कर्ला, हाथों में दहकते टेसू के फूलों से नीचे से ऊपर सजा डण्डा और पैरों में कचनार के फूलों की बेड़ी डाले कुछ बड़ा उन्मन-सा है। आँखों में नशा चढ़ा होने के बावजूद एक आतंक की छाया साफ़ दिख रही है। उसके बायें बाज़ू में एक पीला-सा औंधाया गुब्बारा है, उसमें दो पिचपिची आँखें बनी हुई हैं और उसके चाँद-पर-चाँद ये दो बड़े-बड़े अक्षर चमकीली काली स्याही में अंकित हैं। बायें बाज़ू पर एक बौना-सा बूढ़ा खड़ा है यहा ठीक-ठीक कहें एक तिकोने पुराने तरकश पर टिका हुआ है, इस तरकश में तीर नहीं हैं, उसके कन्धे में एक टूटा हुआ धनुष लटक रहा है, धनुष कागज़ के फूलों से बना है, फूलों के रंग एक से एक शोख़ और चटकीले हैं, पर ये कागज़ी फूल जगह-जगह से गोंद के उचकने से गूँथने वाले तार में लटक कर अलग-से हो गये हैं और तार नंगा हो गया है। सभापति के आसन के नीचे मुरझायी-सी एक चन्दनवल्लरी ढही पड़ी है।

एक टेसू उठता है और सभापति को चुनौती देता है, कुर्सी से उतर जाओ, तुम्हें हम लोग सभापति नहीं मानते। बायें बाज़ू वाला गुब्बारा सिर हिलाता है, आँख पिचपिचाता है, फिर जैसे के तैसे फिर हो जाता है। दायें बाज़ू वाला बौना एक बार काँपते हुए तन कर खड़ा होना चाहता है, किन्तु लड़खड़ा कर गिर पड़ता है। सभापति के आसन पर बैठा हुआ बाँका आँखें तरेरना चाहता है पर आँखें और झँप जाती है, उसके हाथ से फूलछड़ी छूट कर ज़मीन पर आ रहती है। और दूसरा टेसू मुट्ठी बाँधे खड़ा हो जाता है—हम बसन्त को अपना नेता नहीं मानते; हम इस बौने की कमान से छूटने के लिये तीर बनने को राज़ी नहीं, हम गुब्बारे के जादू को अब तोड़ चुके हैं, यह हमें अब नचा नहीं सकता, चन्दन के स्पर्श से बहलाने वाली गोरी-गोरी फगुनैया चुड़ैल हमें अब बहका नहीं सकती; हम जंगल में आग बन कर धधकते हैं, अपने बूते पर, न किसी चाँद का जादू है, न किसी बहार का करिश्मा। हम नहीं चाहते हमें कोई सौन्दर्य का प्रतीक माने, हम नहीं चाहते कि हमारी ओट में कोई अपने जी को कचोट निकाले, हम अपने को इस्तेमाल होने देने के लिये अब क़तई तैयार नहीं। हम टेसू हैं, किसी की चोली रँगने के लिए नहीं, हम टेसू हैं अपने लिये, सिर्फ़ अपने लिये। इतने में बड़ा शोर होता है, 'नहीं चलेगी, नहीं चलेगी, बुर्जुवा बसन्त सरकार नहीं चलेगी', 'हमसे जो टकरायेगा, चूर-चूर हो जायेगा।' 'इन्क़लाब ज़िन्दाबाद'। कुर्सियाँ इधर से उधर फेंकी जाती हैं, एक टेसू के हाथ की मशाल बौने के काग़ज़ी कमान पर टूट पड़ती है और कमान भभक उठती है। सभा भंग हो जाती है, निद्रा भंग हो जाती है।

हड़बड़ा कर उठता हूँ तो कहीं कुछ नहीं, पानी से तर ख़स की टट्टियों से छन

कर बड़ी स्निग्ध और शीतल रोशनी आ रही है, ऊपर मद्धिम गति से पंखा चल रहा है, सिरहाने कुछ पीले कोरे काग़ज़ हैं, क़लम है, बग़ल में सुराही है, फर्श पर शीतलपाटी बिछी हुई हैं। एक गिलास में ठण्डा पानी उड़ेल कर पी जाता हूँ, थोड़ी तस्कीन होती है। इतने में फोन की घण्टी घनघनाती—'कहिये, कैसे हैं, बहुत दिनों से मिले नहीं ...आजकल तो शिद्दत की गर्मी पड़ रही है...बस यों ही फोन किया था...हाँ, अब किताब पूरी ही कर डालिये, जुलाई तक छाप दूँगा।' सपना भी कैसा होता है, इतना शोर, इतना धुआँ, इतनी आग और फिर कुछ नहीं, एक ठण्डा-सा ख़ालीपन, मौन नहीं, मौन में आदमी साँस लेता है पर महसूस नहीं करता कि साँस ली जा रही है, ख़ालीपन में साँस लेना एक दहशत बन जाता है, लगता है साँस खींचने या निकालने का व्यापार अपने निजी अस्तित्व का अंग न हो कर कोई आरोपित या पराया व्यापार हो।

इस सपने और इस ख़ालीपन में क्या सम्बन्ध है? सपना तो झूठा है, ख़ामख़याली है और ख़ालीपन क्या उतना ही झूठा और उतनी ही ख़ामख़याली नहीं है? सपनों के नारे तो रटे-रटाये नारे हैं, और ख़ालीपन क्या ख़ुद एक पढ़ा पढ़ाया नारा नहीं है? सपना अनजान भीतरी भय का ही एक प्रक्षेप था, और ख़ालीपन भी तो अकारण भय का ही परिणाम है? नहीं, नहीं, ख़ालीपन अगर झूठा हो गया तो जीना मुहाल हो जायेगा, तब तो साँस भी नहीं लिया जा सकेगा? तो क्या सपना भी उतना ही सच नहीं है। आस-पास दरोदीवार पर जो लाल-लाल सब्ज़ीनुमा शब्द रातोरात उग आये हैं; वे क्या झूठ हैं? हत्या, आगजनी, लूटपाट, विध्वंस क्या झूठ है? आज भी क्या जवानी जीवन में छन्द की खोज का पर्याय है, आज भी क्या तरुण रक्त सौष्ठव पाने के लिये व्याकुल है, आज भी क्या यौवन रचनात्मक प्रकाश का संचार है? क्या लयहीनता, असामंजस्य और विध्वंस—ये हमारी तरुणाई के नये पर्याय हो कर नहीं आ गये? तो सपना झूठा कैसे?

सपना अपनी जगह पर सच है, ख़ालीपन अपनी जगह पर। ख़ालीपन का कवच धारण कर ले, सपना झूठा हो, सच्चा हो, असर नहीं करता। पर एक बात है, आग का सपना होता है बुरा। कुछ शान्ति-वान्ति करा देनी चाहिए, जाने क्या हो? ख़ालीपन का कवच यह वार भी खाली कर देता है—कौन अकेला मेरा सिर-दर्द है, मुझे तो सेमिनारों के न्यौते मिलते ही रहेंगे, बहुतों के भाग्य-निर्णय के लिये बुलाया जायेगा ही। और जब चारों ओर आग लगेगी तो फिर अकेले मैं कर ही क्या पाऊँगा?

मेरी ननिहाल जिस गाँव में है, उसका सबेरे-सबेरे कोई नाम नहीं लेता, जाने क्या महाभारत घर में मच जाये, इसलिए उसकी चर्चा अगर नितान्त आवश्यक ही हुई तो उसे 'सुरतिहवा गाँव' कह कर स्मरण किया जाता है। 'सुरतिहवा गाँव' की

एक कथा है, कभी गाँव में आग लगी, हथेली पर नस्य रख कर ठोंकते हुये एक बाबा जी बोले भाई, लगता है, किसी गँवार ने छप्पर के नीचे दाल बघारी है और घी बहुत खर हो गया था, बटलोई ढँकी नहीं गयी, घी में लपट उठी और उसने छप्पर छू लिया, कुछ करना चाहिए। दूसरे बाबा जी ने नस्य लेते हुए तत्परता दिखलायी—कुम्हार के यहाँ से घड़े मँगाने चाहिए और उन्हें भर-भर कर रख लेना चाहिए, जिधर लपट जा रही हो, वहाँ पानी उड़ेल कर आगे बढ़ने से उसे रोक देना चाहिए। तीसरे बाबा जी ने धड़ाम-धड़ाम छींकते हुए गुहार मचायी—दौड़ो-दौड़ो, आग नज़दीक आ गयी, पानी ले आओ, खपड़ा उजाड़ कर नीचे की ठाट काट डालो, आग रुक जाये, आग ने बढ़े। चौथे बाबा जी ने टेंट से सुँघनी की डिबिया निकाली और दार्शनिक मुद्रा में बोले, यह गाँव बचेगा नहीं, इतनी घनी बस्ती है, ऐसी तेज़ हवा है और ऐसे नालायक़ बाशिन्दे हैं, पूरा गाँव भस्म हो जायेगा। और 'वृथा न जाइ देवरिसि बानी', पूरा गाँव भस्म हो गया। तभी से गाँव का नाम पड़ा 'सुरतिहवा गाँव' (सुरती सूँघने वाला गाँव)।

ऐसा लगता है हमारे प्यारे भारतवर्ष का औसत बुद्धिजीवी इसी 'सुरतिहवा गाँव' के एक विस्तृत रूपान्तर में निवास करता है और वह हर आसन्न संकट के बारे में काफ़ी जागरूक है, कारण-मीमांसा में बड़ा पटु है, बड़ा त्रिकालदर्शी है, पर यह सब होते हुए भी वह निरुपाय है, क्योंकि वह पंगु है। यह तो विज्ञान की सुँघनी है जो उसे जिलाये रखे है। यह सुँघनी की डिबिया उसका सम्पूर्ण ब्रह्माण्ड है, जिस दिन गोल वाली डिबिया वह कक्षा में लाता है, उस दिन पृथ्वी गोल रहती है और जिस दिन चौकोर चाँदी की डिबिया लाता है, उस दिन पृथ्वी चौकोर हो जाती है।

ऐसे में दरवाज़े पर कुआँ खोदने की बात करूँ? पानी की बात ज़रूर करता, क्योंकि आग पानी से ही बुझती है, पर इस देश का तो पानी जैसे मर गया है। हाँ मेघदूत, इन्द्र और सीता के देश का। आग बरसे-तो-बरसे, पर पानी कैसे बरसे? मैं आग को सत्य मानता हूँ, पर पानी पर भी भरोसा रखना चाहता हूँ। कैसे रखूँ, ख़ालीपन रखने नहीं देता और सपने का डर ऐसा है कि लगता है अभी-अभी हूँ, अभी नहीं। किसी से चर्चा करने की हिम्मत भी नहीं होती, ख़ालीपन का एक प्रतिष्ठात्मक मूल्य जो है, चर्चा करते ही गाँठ कट जाने का डर रहता है। पत्नी से सपने की बात शुरू करता हूँ तो वह कहती है—छोड़िये, आप तो सपने में भी निबन्ध लिखते हैं। तो निबन्धकार क्या इतना सपना है?

रामवृक्ष बेनीपुरी

रामवृक्ष बेनीपुरी का जन्म सन 1900 में बेनीपुर, बिहार में हुआ। आप बहुमुखी प्रतिभा के धनी हैं। स्वतन्त्रता सेनानी और सफल साहित्यकार, दोनों रूपों में आप प्रसिद्ध हुए। स्वतन्त्रता सेनानी के रूप में राष्ट्रीय आन्दोलन, समाजवादी सम्मेलन, किसान सभा, विधान सभा आदि से जुड़े रहने पर भी साहित्य सम्मेलनों और भाषा आन्दोलनों में भी अपनी प्रतिष्ठा बनाये रखी। सन 1968 ई. को स्वतन्त्रता-प्राप्ति के 21 वर्ष बाद वे इस संसार से मुक्त हो गए।

साहित्य के क्षेत्र में विविध विधाओं पर आपका अधिकार रहा है। नाटक, शब्दचित्र, रेखाचित्र, उपन्यास, गल्प, जीवनी आदि सभी पर अपनी लेखनी चलायी। उनकी नाट्य कृतियाँ 'अम्बपाली', 'नेत्रदान', 'विजेता' आदि जहाँ एक ओर राष्ट्रीय भावना को प्रेरित करती हैं वहीं उनकी भाषा पाठक को सम्मोहित करती है। कथाकृतियों 'क़ैदी की पत्नी', 'पतितों के देश में' में पूर्ण रूप से स्वतन्त्रता आन्दोलन चमक उठा है। रेखाचित्र साहित्य में आपका महत्त्वपूर्ण योगदान रहा है। प्रथम शब्दचित्र संग्रह 'लाल तारा' 1938-39 में प्रकाशित हुआ। इसमें 16 शब्द चित्र हैं जिसमें प्रतीक रूप में, अमीरी और ग़रीबी, क्रान्ति, प्रकृति आदि पर लिखा गया है। सन 1946 में 'माटी की मूरतें' प्रकाशित हुई जो 'हिन्दी साहित्य की रेखाचित्र विधा का आधार बनी। इसमें 'दस' शब्द चित्र हैं। इसमें लगभग सभी चित्र भारत की गरीबी और दुर्दशा को रूपायित करते हैं। 1950 में 'गेहूँ और गुलाब', 1952 में 'नयी धारा' और 1955 में 'मील के पत्थर' का प्रकाशन हुआ। 'मील के पत्थर' में लेखक ने कुछ साहित्यकारों और प्रभावी व्यक्तियों को अपनी लेखनी से उभारा है जिनसे वह कहीं-न-कहीं प्रभावित हुए हैं। इसमें प्रेमचन्द, बर्नार्ड शाह, विनोबा भावे जैसे व्यक्तियों के रेखाचित्र हैं।

बैजू मामा

रामवृक्ष बेनीपुरी

आज भी, मेरा ख़्याल है, अगर आप पटना जेल में जाइये और किसी पुराने क़ैदी, वार्डर या जमादार से बैजू मामा के बारे में पूछिये तो वह अजीब ढंग की हँसी हँस कर आपको उसकी एक-दो कहानी ज़रूर सुनायेगा। बैजू मामा पटना जेल की एक ख़ास चीज़ हैं। लगभग तीस वर्षों से वह जेल को आबाद किये हैं। 1930, 32, 37, 38, 40, जब-जब मैं पटना जेल पहुँचा हूँ, तब-तब उनके शुभ दर्शन हुए हैं, उनसे बातें की हैं, ख़ूब हँसा हूँ और हर बार हँसी के बाद एक अजीब करुणा का अनुभव मैंने किया है।

जब मैंने कहा कि वह तीस साल से इस जेल को आबाद किये हुए हैं, तब आपने यही सोचा होगा, या तो वह कोई 'मामूली' क़ैदी हैं—ख़ून करके आये हैं या डाका डाल के आये हैं या कोई शोहदा जानकार हैं। या कम-से-कम आदतन अपराधी तो ज़रूर हैं! लेकिन, मैं दावे के साथ इन सभी आरोपों का खण्डन कर सकता हूँ। उनके चेहरे या चाल-ढाल से कहीं से भी उनसे आप ख़ूँखार या मुजरिम होने का कोई चिह्न नहीं पा सकते। तो भी वह जेल में हैं और तीस वर्षों से हैं। कैसा आश्चर्य?

वह हर बार एक ही अपराध में आते हैं, जिसमें आज तक एक बार में दो साल की क़ैद से ज़्यादा की सज़ा उन्हें नहीं मिली है। ज्योंही छूट कर जाते हैं, उसी अपराध को दुहराते हैं और फिर एक-दो साल की सज़ा ले कर पहुँच जाते हैं। वह अपराध क्या है? चोरी? आप सोचते होंगे, ज़रूर एक पक्के चोर हो गये होंगे, उन्होंने गैंग बना लिया होगा, बड़े-बड़े हाथ साफ़ करते होंगे, जैसा कि जेल में एक-दो दिन के लिये आ कर साधारण चोर भी उस्ताद बन जाता है। लेकिन अगर वह इस कोटि के चोर होते, तो मुझे उन पर लिखने की ज़रूरत नहीं होती। मुझे अपराध-शास्त्र से

कोई दिलचस्पी नहीं कि उन पर अनुसन्धान करता।

बैजू मामा एक अजीब चोर हैं। चोरी में तीस साल की सज़ा वह भुगत चुके, लेकिन अभी तक तीस रुपये वह एक बार कभी नहीं पा सके; नहीं तो उनके कथानुसार, आप उन्हें जेल में नहीं पाते! और 'कबीर' के इस दोहे के अनुसार

'सिंहन के नहीं लेहड़े; हंसन की नहीं पाँत,
लालन की नहिं बोरयाँ, साधु न चले जमात।'

उन्होंने आज तक कोई जमात भी नहीं बनायी! तो वह क्या सचमुच साधु हैं? छी-छीः मैं एक पुराने चोर को साधु कहूँगा? ऐसी इतनी बड़ी गुस्ताख़ी करके मैं साधु समाज में कौन-सा मुँह दिखला सकूँगा!

मैं ऊँची श्रेणी का क़ैदी था। इस जेल में ऐसे लोगों की सुख-सुविधा की कोई ख़ास जगह नहीं होने के कारण, मुझे हस्पताल में ही रखा गया था। एक दिन मैं हस्पताल की ही छोटी-सी बग़िया के बीच छोटे-से आम के पेड़ की छाया में बैठ क़लम घिस-घिस कर रहा था, कि देखा, एक बूढ़ा मरीज कम्बल ओढ़े उस ओर आ रहा है। यह धीरे-धीरे आया, कमज़ोरी के कारण डगमगाता हुआ! फूल की क्यारी में बैठ गया—फिर एक बार हसरत की निगाह से चारों ओर उसने देखा और कम्बल के नीचे से एक खुरपी निकाल कर धीरे-धीरे इधर-उधर उग आयी घासों की निकौनी करने लगा! थोड़ी देर ही वह निकौनी कर पाया होगा कि हस्पताल का मेट हाथ में दवा की प्याली लिये उसे ढूँढ़ता हुआ वहाँ आ पहुँचा और उसे निकौनी करते देख बौखला उठा— 'मामू, तुम इस बार मर के रहोगे!'

बूढ़ा क़ैदी सिटपिटा गया। खुरपी छोड़ दी, कम्बल सँभाला, दवा के लिये हाथ बढ़ाया। हाथ काँप रहा था, लड़खड़ाई ज़बान से उसने मिन्नत के शब्दों में मेट से कहा— 'माफ़ करना भैया, दवा दो'

'दवा दूँ; ख़ाक, दवा खा कर क्या होगा? तुम्हें क्या पड़ी है भला जो खुरपी ले कर आ बैठे यहाँ? जाये भाड़ में यह बग़ीचा!'

'हें-हें, यह क्या कहते हो? देखते नहीं, चार दिन मैं बीमार रहा कि इतनी घासफूस उग आयी!'

'मामू तू क़ैदी है या सरकार का बैल? पुराने क़ैदी की शान तूने धूल में मिला दी! क्या हम जेल में काम करने आते हैं?'

'मेट भैया, तुम ठीक कहते हो। बिल्कुल ठीक। जेल का सत्यानाश हो, हाकिमों का सत्यानाश हो। लेकिन प्यारे, मैं क्या करूँ? न मुझसे बैठा जाता है, न इन फूलों की दुर्गत देखी जाती है। माफ़ करो, दवा दो—उफ़, जाड़ा लग रहा है!'

बीमार क़ैदी की आँखों में अब आँसू थे—ऐसे आँसू, जो ज़बर्दस्ती आँसू वसूल करते हैं। मेट की आँखें भी डबडबा आयीं। तुम इस बार मरोगे, मामू!'— कह कर उसने दवा की प्याली उसके हाथ में दी। हाथ के कम्पन से कुछ दवा उसकी ठुड्ढी पर गिर गयी, कुछ गले के नीचे गयी। दवा पी कर उसने एक बार थूक फेंकी और फिर बैठा नहीं रह सका; कम्बल ओढ़े वहीं लुढ़क गया! थोड़ी देर बाद वह उठ बैठा! एक बार फिर उसने सभी पेड़-पौधों पर हसरत भरी निगाह डाली और खुरपी हाथ में ले हस्पताल की ओर चलता बना। इस बार जाते समय मैंने ग़ौर से उसकी ओर देखा—साठ साल की उम्र, ताँबे का रंग, चेहरे पर झुर्रियाँ, बाल एक-एक सफ़ेद, लेकिन इस बीमारी में भी, जब पैर डगमगा रहे थे, वह तन कर जा रहा था जैसे वह एक नौजवान हो!

स्वभावतः मैं उस क़ैदी की ओर आकृष्ट हुआ! वह बैजू मामा थे। इस जेल के क़ैदियों के मामा, वार्डरों के मामा, जमादारों के मामा—यों कहिये, तमाम पटना जेल के मामा!

अब मैं बैजू मामा के साथ घुलमिल गया। उनकी बीमारी अच्छी हो गयी। वह अपनी खुरपी-कुदाल से दिन भर झगड़ते रहते और मैं उन्हीं के बनाये बग़ीचे में आम के पेड़ के नीचे बैठ कर उनकी मेहनत-मशक्कत देखता रहता। जब वह थक जाते, मेरे पास आ जाते। न वह बीड़ी पीते, न खैनी खाते। मैं उनका क्या स्वागत करता भला! जेल का सबसे बड़ा स्वागत-सत्कार इन्हीं दो नायाब चीज़ों से है। खैर, वह मेरे नज़दीक पहुँच कर मुझसे 'सुराज' और 'गान्ही बाबा' के हाल पूछते और मैं धीरे-धीरे उनकी रामकहानी जानने की कोशिश करता। धीरे-धीरे—क्योंकि देखा, बैजू अपनी ज़िन्दगी को बन्द किताब बना कर ही रखना चाहते। साधारण मुजरिमों की तरह अपनी कहानी बढ़ा-चढ़ा कर कहने की बात तो दूर रही, जब बड़ी खोद-खाद के बाद कुछ कहते भी तो कहते-कहते शर्मीली लड़की की तरह बीच में ही रुक जाते और उनके झुर्रीदार गालों के रंग में भी कुछ तब्दीली आ जाती! कभी-कभी झुंझला कर कहते—'बाबू, यह पाप की कहानी क्या सुनते हैं आप? चोर-बदमाश की बातें कहीं सुनी जाती हैं?'

लेकिन उनकी ज़िन्दगी की एक-एक कड़ी आख़िर मैंने जोड़ी ही।

बैजू मामा इसी पटना ज़िले के बाढ़ सब-डिवीज़न के हैं। एक साधारण किसान थे। एक बार हालत ऐसी हो गयी कि बैल के अभाव में उनकी खेती रुक गयी। कहीं से तीस रुपये कर्ज़ लिया और गंगा के उस पार बैल खरीदने चले—सुन रखा था, उस तरफ़ अच्छे बैल मिलते हैं और सस्ते। गंगा पार कर बैल की कई पेठियों

में गये; क्योंकि कम-से-कम पैसों में अच्छी-से-अच्छी चीज़ ख़रीदना चाहते थे। इसी दौड़-धूप में उनके दिमाग़ पर शैतान का कब्ज़ा हुआ। उन्होंने पाया कि उस तरफ़ लोग गर्मियों में बैलों को घर के बाहर ही बाँध देते हैं। और उनकी कोई ख़ास रखवाली नहीं करते। पटना ज़िले में ऐसा नहीं होता है। शैतान ने उनके कानों में धीरे से कहा—'बैजू, क्यों न इनमें से एक बैल रात में खोल लो और गंगा पार कर जाओ?' यह बात उन्हें भा गयी—बैल भी हो जायेगा, पैसे भी बच जायेंगे। खेती भी निभ जायेगी, कर्ज़ भी नहीं रहेगा। लोग पूछेंगे तो कह दिया जायेगा, बैल मोल लिया है! बस, हल्दी लगी न फिटकरी, रंग चोखा—बैजू मामा तैयार हो गये!

एक रात एक गाँव से एक अच्छा-सा बैल खोल कर वह चल पड़े—गंगा जी की ओर। जिस समय बैल खोलने गये थे, उस समय तो हाथ ही काँपे थे, अब, जब दिन हो आया, उनका समूचा शरीर काँप रहा था—जैसे कँपकँपी लग गयी हो। ठीक से पैर नहीं उठते, जितने लोगों को देखते, मालूम होता, सब उन्हीं की तलाश में हैं! हर आँख मानो उन्हीं को घूर रही है, हर उँगली मानो उन्हीं की ओर उठ रही है, हर कानाफूसी में उन्हीं की बात हो रही है। दिन हो गया था। भूख और थकावट से अलग परेशान थे। बैल को एक पेड़ में बाँध, दुकानदार से लोटा-डोरी ले, कुएँ पर गये। हाथ-मुँह धोया। हाथ-मुँह धो ही रहे थे कि देखा, एक दफ़ादार उसी दुकान पर आ कर बैठ गया है!—एें, क्या यह मेरी ही तलाश में है? क्यों न बैल छोड़ कर भाग चलूँ? तब तो और भी पकड़ा जाऊँगा! क्या मुझसे भागा जायेगा? फिर ऐसा बैल इस ज़िन्दगी में क्या फिर नसीब हो सकता है? नहीं, नहीं, वह मेरी तलाश में नहीं है।

इस तरह सोच विचार कर वह दुकान पर आये। दुकानदार से दो पैसे के चने लिये—मुँह में रखते थे चना और पेट में फूट रहा था लावा। चने माँगने के समय इनकी मगही बोली सुनी थी, इसलिए जब चने खा रहे थे, दुकानदार ने इनके घर वग़ैरह के बारे में स्वभावतः ही पूछना शुरू किया और घर के बाद बैल की चर्चा आई। बीच में ही दफादार पूछ बैठा—'यह बैल तुम्हारा है? अच्छा बैल है। कितने में ख़रीदा?' यह सवाल, और बैजू मामा कर रहे थे, सुनते ही उनके होश ग़ायब हो गये। दो-तीन सवाल, और वह दफादार कूद कर इन्हें पकड़ चुका था—चोट्टा कहीं का! यह बैल चालीस रुपये का है, बाजितपुर की पेठिया कहीं बुध को लगती है?

बैल भी गया, उनके पैसे भी छिन गये और पिटायी भी कम नहीं लगी। समस्तीपुर के मजिस्ट्रेट ने एक साल की सज़ा दी! सज़ा काट कर निकले तो फिर कौन-सा मुँह दिखाने घर आते— 'बंस में कलंक लगाया...'

बंस में कलंक लगाया? बैजू मामा आप कौन जात हैं, मैंने अचरज में आ कर

उनसे पूछा। क्योंकि उनका चेहरा बताता था किसी अच्छे घर के वह हैं। इस सवाल से वे घबड़ा गये, फिर कहा– 'जेल-टिकट में देखिये न! दुसाध लिखा है।' 'जेल-टिकट में जो कुछ लिखा हो, आखिर आप है कौन जात? दुसाध तो आप हो नहीं सकते?'

मेरे बार-बार पूछने पर बैजू मामा कुछ उद्विग्न-से हो उठे। उनके चेहरे की झुर्रियाँ और सघन हो गईं। चोर का क्या नाम-धाम या जात-पाँत? चोर बस चोर है बाबू। लेकिन हाकिम के सामने तो कुछ बताना ही पड़ता है, बस कुछ लिखा दिया–उनकी आवाज़ में एक हार्दिक पीड़ा था।

'तो क्या आपका यह नाम नहीं है?'

अचरज में उनकी आँखें जैसे चमक गईं हों; झट बोले– 'यह आपने कैसे जाना कि मेरा नाम बैजू नहीं है? बाबू आप ज़रूर मन्तर जानते हैं।

आख़िर बैजू मामा ने अपना नाम भी बताया और गाँव भी; जात भी बताई; घर का पूरा हाल भी बतलाया। मैंने तब पूछा–'ख़ैर, यह जो कुछ हुआ लेकिन आप जनेऊ क्यों नहीं पहनते? बाभन-क्षत्री को यह चिह्न तो नहीं छोड़ना चाहिए!' मेरे इस प्रश्न से जैसे उन्हें दूसरी ठेस लगी हो, कातर स्वर में बोले– 'अब तो मैं भ्रष्ट हो ही गया; जनेऊ को क्यों भ्रष्ट करूँ? बाबू, एक यही अपराध क्या कम है, जो एक दूसरा भी करूँ?' उनके इस जवाब पर मैंने बताना चाहा कि जेल में जो छुआछूत होती है, उससे जात नहीं जाती, जनेऊ आपको ज़रूर पहने रहना चाहिए। इस पर उन्होंने कहा– 'मैं जेल की बात नहीं करता। बाहर जो नसा-पानी करना ही पड़ता है।'

'तो क्या आप बाहर ताड़ी-दारू पीते हैं?

अब तो जैसे उनका धीरज टूट गया हो! भर्राई आवाज में बोले– 'हाय बाबू, आप कितने भोले हैं! क्या बिना नशा खाये चोरी हो सकती है? निसाचरी काम के पहले निसाचर बन जाना पड़ता है, बाबू!' उद्विग्नता में ही वह चुपचाप वहाँ से चल दिये।

मुझे पता चला था कि उनके घर पर अब भी गिरस्ती होती है–अच्छी गिरस्ती होती है! भाई मर चुके थे, दो भतीजे हैं, उनके बाल-बच्चे हैं। मैंने बैजू मामा को समझाया कि पुरानी बातें भूल जाइये। इस बार छूटिये, तो गंगास्नान करके अपने घर चले जाइये। भतीजों से सारी बातें कहिये, उनके साथ रहिये। अब बुढ़ापे का शरीर है, कब जाने क्या हो जाये? जेल में मरियेगा, मिट्टी की दुर्गत होगी। इस आख़िरी

बात ने उन पर काफ़ी असर किया! एक दिन हृदय खोल कर कहने लगे—

'क्या कहूँ, बाबू, कई बार यही सोचा। जेल से छूटने पर कई बार घर की ओर चला। लेकिन बख़्तियारपुर जाते-जाते पैर बँध जाते हैं! सोचता हूँ, ख़ाली हाथ घर कैसे जाऊँ? भतीजे तो मानने भी लगेंगे, पर उनकी बहूएँ तो पराये घर की बेटियाँ ठहरीं—कहेंगी, यह बूढ़ा कहाँ से टपक पड़ा? कुछ ले कर जाऊँ, तो वे भी समझें कि आखिर कुछ लाया तो है! कम-से-कम एक गाय खरीद करके ही चलूँ। तीस रुपये में तो अच्छी गाय मिल जाती है। लेकिन ये रुपये कहाँ से आवें? चोर हूँ ही, क्यों न एकाध हाथ और माल लूँ? किन्तु जब-जब ऐसा किया, तब-तब, जब-तक रुपये पूरे हों, पकड़ लिया गया और फिर यहीं का यहीं।'

उफ, तीस रुपये—तीस रुपये! तीस रुपये में बैल और तीस रुपये में गाय! और इसी तीस रुपये में एक की ज़िन्दगी के तीस साल बर्बाद हो गये! बेचारा तीस के अजीब गोरखधंधे में फँस गया है—मैं इस तरह सोच ही रहा था कि बैजू मामा फिर बोल उठे—

'एक बात और है, बाबू! जब-जब बाहर जाता हूँ, दिन तो इधर-उधर देखने-सुनने में कट जाते हैं, लेकिन ज्योंही रात में सोने की कोशिश करता हूँ मालूम होता है, इस जेल के ये सारे पेड़-पौधे मुझे बुला रहे हैं। यह आम का पेड़, अमरूद, यह नीम, जामुन—सबके सब मेरे ही लगाये हुए हैं बाबू! मैंने ही इनके पौधे रोपे, इनकी थालों में पानी दिया, निकौनी की। होते-होते आज ये कितने छितनार हो चले हैं! और इन बेलों, गुलाबों, गेंदों का ख़ानदान किसने लगाया, बढ़ाया? इसी बैजू ने बाबू! जब बाहर होता हूँ, रात में ये सब-के-सब पुकारते-से हैं। हाँ बाबू, सच कहता हूँ, नींद नहीं आती। सोचता हूँ, हाय, उस आम की टहनी को कोई मरोड़ दे, उस नीम को लोग दातुन कर-कर के न सुखा डालें, ये बेलें और गुलाब के पौधे बिना सिंचाई के न कहीं बर्बाद हो जायँ, बस कुछ इधर-उधर करके दौड़ा-दौड़ा पहुँच जाता हूँ।

जब बैजू मामा कह रहे थे, मुझे लग रहा था, मैं कहीं कोई सपना तो नहीं देख रहा हूँ? क्या मैं सचमुच जेल में हूँ? मेरी बग़ल में बैठा जो यह सब कह रहा है, क्या यह सचमुच चोर हैं? क्या चोर का ऐसा ही भोला-भाला चेहरा होता है? क्या उसकी ऐसी ही भोली-भाली बातें हुआ करती हैं! क्या उसके ऐसे ही काम होते हैं? और जिसने पेड़-पौधे से इतनी तादात्म्यता प्राप्त कर ली है; जिसे पौधे पुकारते, पेड़ बुलाते हैं—क्या वह निम्न कोटि का अधम अपराधी हो सकता है? अगर यह अपराधी

है, निःसन्देह अपराध शब्द का अर्थ हमें बदल देना होगा।

'और बैजू मामा अपनी होली वाली कहानी बाबू को जरूर सुनाना'–जब एक दिन मेट ने यह कहा, तो देखा, बैजू मामा के चेहरे पर हँसी की हल्की झलक दौड़ गई है और उनके दाँत–जो तीस वर्षों से जेल की रोटियाँ चबाते-चबाते आधे-आधे घिस गये थे, लेकिन जिनमें टूटे एक भी नहीं थे–चमक पड़े। 'अरे, मेट भाई, बाबू के सामने बेइज़्ज़त मत करो।' उससे कह कर उन्होंने इधर-उधर की बातों में मुझे बहला देना चाहा, लेकिन फिर भी मैंने उनसे वह कहानी निकाल ही ली!

एक बार संयोग ऐसा हुआ कि बैजू मामा की रिहाई की तारीख़ ठीक होली ही के दिन पड़ गई। ठीक होली के दिन–जिस दिन, साल भर में सिर्फ़ एक ही दिन जेल में पकवान बनते हैं। जेल में पकवान! लेकिन आप ताज्जुब न करें, जहाँ भात में भुस्सी मिली होती है और रोटी में कंकड़, दाल में छिलके-ही-छिलके रहते हैं और तरकारी के नाम पर घास के डण्ठलों को उसन कर दिया जाता है, वहाँ के पकवान भी कैसे होंगे–समझ जाइये, लेकिन पकवान फिर भी पकवान हैं! सरसों के तेल में गुड़ दे कर घुने गेहूँ के आटे के पके पुए और थोड़े दूध में पूरा पानी डाल कर उबाली गई खीर-ये पकवान भी क़ैदियों की जीभ पर कम पानीं नहीं ला देते। महीनों से इसकी प्रतीक्षा की जाती! बैजू मामा की जीभ इसकी कल्पना से कम लार नहीं टपका चुकी थी कि ख़बर मिली, उसी होली के दिन उनकी रिहाई होने वाली है। आह-रे, क्या गज़ब हुआ!

बैजू मामा ने जमादार साहब से बहुत ही गिड़गिड़ा कर आरज़ू-मिन्नत की। किसी तरह जेलर बाबू से कह-सुन कर उनकी रिहाई की तारीख़ एक दिन और बढ़ा दें, लेकिन जमादार साहब ने पहले समझा कर, फिर डाँट कर कह दिया कि ऐसा नहीं हो सकता। ख़ैर, रिहाई का दिन आ पहुँचा। वह गेट पर लाये गये, तो उन्होंने देखा, पुए बनाने के लिए तेल और कड़ाह भीतर भेजे जा रहे हैं। पकवान के इन सामानों को देख कर उनकी आँखें छलछला आईं। जेलर साहब का ध्यान बैजू मामा की ओर आकृष्ट हुआ–भला, उनको कौन नहीं पहचानता! जेलर साहब ने समझा, शायद ये आँसू आनन्द के या पश्चाताप के हैं। कह बैठे– 'क्यों बैजू, अब तो फिर नहीं आओगे न? हाँ-हाँ, मत आना, अब तुम बूढ़े भी हुए।' उनका यह कहना था कि बैजू मामा की आँखों में सावन-भादों उमड़ आये और रुँधे हुए गले से बोले–

'बाबू, मेरी तक़दीर फूट गई, बाबू?'

जेलर साहब, शरीफ़ मुसलमान जेलर साहब, यह सुन कर घबड़ा गये। यह क्या

बात हुई? पूछा—'क्या हुआ है, बताओ बैजू।' कोई ग़मी की ख़बर आई है क्या—वह मन-ही-मन सोचने लगे। बैजू मामा बोले—'हज़ूर, आपका इसमें क्या हाथ, मेरी ही तक़दीर फूट गई, बाबू!'

'अरे क्या हुआ बैजू?'— जेलर साहब की उत्सुकता में अब करुणा की मंदाकिनी मिल रही थी। उधर बैजू मामा की आँखों के बादल में झड़ी लग गई और हिचकियाँ लेते हुए बोले—

'हाय सरकार, जब तेल और कड़ाह भीतर जा रहे हैं, तो मैं बाहर भेजा जा रहा हूँ। भरे बरत के दिन मैं निकाला जा रहा...' वह आगे बोल न सके! इधर जेलर साहब ठठा कर हँस पड़े, और जेब से एक रुपया निकाल कर बैजू मामा को देते हुए बोले कि जाओ, बाज़ार में इसी से पूए खरीद कर खा लेना। लेकिन, इस चाँदी के चम-चम टुकड़े का ज़रा भी मोह उनके मन में क्यों होने लगा? रुपया जेलर बाबू के पैर पर रख दिया और एक दिन के लिए और जेल में रखे जाने की विनती की। जेलर साहब ने इस बारे में अपनी असमर्थता दिखाई। रुपया बार-बार के आग्रह पर भी नहीं ले कर, धोती की खूँट से आँसू पोंछते बैजू मामा बाहर चले आये!

बाहर चारों ओर होली का हुरदंग मचा था। रंग-अबीर उड़ रही थी, गाने-बजाने हो रहे थे। जेल में तीन आने पैसे मिले थे। उसका सत्तू खरीद कर बैजू मामा ने खाया और दिन भर इधर-उधर, अन्यमनस्क तमाशे देखते रहे। शाम को स्टेशन के मालगुदाम के सामने जा कर लेट रहे और अँधेरा होने पर एक बैलगाड़ी के निकट बँधे जोड़े बैल खोल कर चले! गाड़ीवान दिन-भर के धूमधड़क्के से कुछ ऐसा मस्त हो कर सोया था कि उसे कुछ सुध नहीं रह गई थी! अब बैजू मामा क्या करें? वह चिल्ला कर कहने लगे—ओ गाड़ीवान, ओ गाड़ीवान, कैसा बेवक़ूफ़-सा सोया है और चोर तेरे बैल लिये जा रहे हैं। 'बैल' यह शब्द कान में पड़ते ही गाड़ीवान चौंक उठा और जिस ओर से आवाज आई थी, दौड़ा। उसे दौड़ते देख बैजू मामा ने भागने का बहाना किया। वह पकड़ लिये गये, कुछ घुस्से खाये, रात भर हाजत में रहे और भोर फिर जेल में हाज़िर!

जेल भर में हल्ला हो गया—बैजू मामा आ गये! किन्तु बैजू मामा तो जल्द-जल्द आ कर मेट से मिले और कहा— 'कहाँ पुए रखे हैं, लाना तो मेट भाई!' मेट हँस रहा था! बैजू मामा उससे कह गये थे कि दो-एक पुए मेरे लिए जरूर चुरा कर रख देना कल मैं जरूर आ जाऊँगा! बैजू मामा अपने "जरूर" को जरूर ही सार्थक करेंगे, इसकी उम्मीद मेट ने नहीं की थी। ज्योंही मेट ने कहा—'पूए कहाँ रखे हैं?'—बैजू मामा की आँखों में झरझर आँसू झरने लगे!—'उफ, इसी पूए के चलते रात उस

गाड़ीवान के उतने घुस्से मैंने बर्दाश्त कर लिए! रात-भर हाजत में पूए का ही सपना देखता रहा हूँ मेट भाई! हाय री तक़दीर!' अब मेट की आँखें भी छलछला आईं थीं। उसने जो पूए अपने लिए बचा कर; चुरा कर रखे थे उन्हें ला कर मामा के सामने रख दिया—बैजू मामा उस बासी, काठ-से कड़े बन गये तेल के पुए को कुतुर-कुतुर कर खा रहे थे, जो उनकी आँखों के पानी से नरम नमकीन होते जाते थे।

इस बार वह किस तरह जेल आये हैं वह भी कम दिलचस्प और दयनीय नहीं है।

इस बार बैजू मामा यह निश्चय कर जेल से निकले थे कि तीस रुपये किसी-न-किसी तरह जरूर जमा करेंगे और उन्हीं रुपयों से एक गाय खरीद कर अपने भतीजे के पास जायेंगे। गाय की डोर पकड़े जब वह, लगभग तीस वर्षों के बाद अपने गाँव में घुसेंगे, तो गाँव कैसा दीख पड़ेगा, लोग उन्हें पहचानेंगे या नहीं, वह किस तरह अपना परिचय देंगे—आदि की कल्पना में विभोर होते हुए ही उन्होंने जेल से बाहर क़दम रखा था।

शुरू में मालूम हुआ कि इस बार तकदीर पक्ष में है, बड़ी चोरी में बड़ा ख़तरा है। और, ख़तरा लेने का इस बार मौक़ा नहीं था। इसलिये छोटी-छोटी चोरियाँ तीस रुपये के लिए शुरू कीं। एक होटल से दो लोटे उड़ाये, दो रुपये में बेच लिये। एक मन्दिर के अहाते से दो कम्बल मार लिये, तीन-तीन रुपये उनसे आये। एक वकील साहब के बरामदे से एक शाल उचाक लाये, चार रुपये आये! सबसे बड़ा शिकार एक गोदाम से एक बोरे लाल मिर्च का किया, नक़द बारह रुपये मिले। अब बैजू मामा के पास इक्कीस रुपये थे; सिर्फ नौ रुपये की कमी थी! मिर्चे की चोरी सबसे अच्छी। एक दिन जब वह शहर के बाहर शौच को जा रहे थे, उन्होंने खेतों में लाल मिर्च देखे। कौन जाने शहर की चोरी में किसी दिन पकड़ा जाऊँ? क्यों न रात में मिर्चे के खेत में पहुँच और थोड़ा-थोड़ा मिर्चा तोड़ कर बेचता जाऊँ? यहाँ दस-पन्द्रह दिन लगेंगे, लेकिन ख़तरे से तो महफ़ूज रहूँगा न? ऐसा सोच कर वह अब प्रति रात मिर्चे के खेत में जाते और एक झोला मिर्चा ले आते और बाज़ार में किसान की तरह बेच लेते! धीरे-धीरे उनके पास रुपये हो गये—सिर्फ़ चार रुपये की कमी! हाँ, सिर्फ चार रुपये की।

मंज़िल के अंत में पथिक के पैर तेज़ी से उठने लगते हैं—उसकी रफ़्तार में तेज़ी आ जाती है! एक दिन बैजू मामा इतने मिर्चे तोड़ लाये कि सवा रुपये मिल गये! अब पौने तीन रुपये की कमी रह गई थी।

तीन—हाय! तीन कितनी बुरी संख्या है! उस रात मामा जब खेत में पहुँचे तो इन्हें घेर लिया गया! बेचारे किसान कुछ दिनों से परेशान थे कि यह क्या हो रहा है?

उनकी खेती उजड़ रही थी। कई दिनों से वह धुक्की लगाये हुए थे कि आज चोर को उन्होंने देख लिया और दौड़ पड़े। मामा भागें भी तो किस ओर? उन्हें एक अक़्ल सूझ गई। जितने मिर्चे तोड़े थे, सब झटपट अग़ल-बग़ल में फेंक दिये और इस तरह बैठ गये कि जैसे शौच से निवृत्त हो रहे हैं। चारों ओर से लोग घेरे हुए हैं पर बोलते नहीं। एक ने कहा—उठते हो यह लाठी लगाऊँ?

मामा खड़े हो गये—धोती इस तरह किये कि जैसे शौच से उठे हैं। वह मन-ही-मन सोच रहे थे कि शायद मैं बच गया कि उसी समय खेत की बग़ल से जाने वाली सड़क से एक मोटर गुज़री और दपादप रोशनी में उनकी बग़ल में बिखरे मिर्चे दिखाई पड़े। और बाबू, डर के मारे पेशाब भी तो नहीं हो पाया था, न?—मुझसे मामा ने हँसते हुए कहा! अब क्या, चोरी साफ़-साफ़ पकड़ ली गई। मामा फिर थाने में हाज़िर किये गये। फिर वही हवालात—फिर वही बाढ़ का छोटा जेल। फिर वही मजिस्ट्रेट की अदालत।

लेकिन इस बार विशेषता यह हुई कि किसी तरह पुलिस ने पता लगा लिया कि मामा पुराने मुजरिम हैं—फलतः उसने उन पर सेशन चलाने की तैयारियाँ कीं। नौजवान मजिस्ट्रेट ने पुलिस की बात मान ली! दरोगा ने गालियाँ देते हुए कहा—'बूढ़े, इस बार तुम्हें पाँच साल के लिए चक्की पीसनी होगी।'

सेशन-जज एक बूढ़ा आदमी था! जब उसने मामा से कसूर के बारे में पूछा तो मामा नाहीं नहीं कर सके। झूठ कैसे बोलते भला! हाँ, एक अर्ज़ की—

'हुज़ूर, सुनते हैं, सरकार पच्चीस साल काम करने पर अपने नौकरों को पिनसिन देती है। हुज़ूर भी बूढ़े हुए, अब पिनसिन पावेंगे। मैंने तीस साल तक जेल में रह कर सरकार का काम कर दिया है। दुहाई सरकार, धरम साक्षी है, काम करने में कभी कोताही नहीं की। जेलर साहब को बुला कर पूछिये, जमादर साहब को बुला कर पूछिये। बैजू बिना काम किये रोटी नहीं खा सकता सरकार! अब तीस साल की गाढ़ी मिहनत के बाद हज़ूर, क्या इस बूढ़े को भी पिनसिन का हक़ नहीं है? दुहाई हुज़ूर की, दुहाई माँ-बाप की, आप निसाफ़ कीजिये। हज़ूर से निसाफ़ न मिला तो यह बूढ़ा और कहाँ जायगा!'

यह अजीब दलील थी! किन्तु दिल पर इसका असर भले ही हो, दिमाग़ पर क्या असर ला सकता था भला! और जज तो बँधा है कानून की किताब से। उस कानून की किताब के अनुसार सज़ा के लिए जो जरूरी बातें चाहिये, सब हाज़िर! चश्मदीद गवाहियाँ—अपराध की स्वीकृति! वह किताब जज को यह हक़ कहाँ देती कि वह देखे कि अपराध क्यों किया गया; उसमें समाज कहाँ तक अपराधी है, और आदमी

कहाँ तक; आदमी की युक्तियों में परिस्थितियों का कहाँ तक हाथ है? आदि-आदि! फिर आदमी के भीतर जो इन्सानियत, उसे उभड़ने देने और अपराधी को सही रास्ते चलने में मदद करने की ओर ध्यान देना तो उस किताब में जैसे हराम हो। जज बेचारे बूढ़े थे, सहृदय थे; लेकिन जो किताब उन्हें रोटी दे रही थी, इस बुढ़ापे को आराम से बिताने में मदद पहुँचा रही थी, उसकी उपेक्षा वह कैसे करते बेचारे? हाँ, उन्होंने शायद कभी शेक्सपीयर की 'मर्चेन्ट ऑफ वेनिस' पढ़ ली थी, इसलिए अपने 'इन्साफ' पर इस बार 'रहम' का मुलम्मा चढ़ाने से वह नहीं रुक सके। इस बार बैजू को सिर्फ एक साल की ही सज़ा हुई।

शरद जोशी

शरद जोशी का जन्म सन 1931 में उज्जैन मध्यप्रदेश में हुआ। हिन्दी व्यंग्य साहित्य में शरद जोशी का प्रमुख स्थान रहा है। समकालीन व्यंग्य साहित्य को शैलीय विस्तार प्रदान करने वाले व्यंग्यकारों में जोशी जी का स्थान मूर्धण्य रहा है। शरद जोशी ने व्यंग्य को शैलीय विस्तार एवं पाठकीय प्रसार देने में महत्वपूर्ण भूमिक निभायी है। हिन्दी व्यंग्य में सम्प्रेरक की जितनी विविधता उपलब्ध है, भाषा का जितना अनूठापन विद्यमान है, शिल्प की जितनी भंगिमाएँ मौजूद हैं उन सबका समन्वित श्रेय शायद सबसे अधिक शरद जोशी को दिया जा सकता है। उनकी व्यंग्य रचनाओं से गुज़रना केवल विसंगतियों और स्खलन की घुमावदार गलियों से भटकना ही नहीं है, अपितु भाषा एवं शिल्प की चमत्कारी प्रदर्शनी की यात्रा भी है।

जोशी जी का व्यंग्य अधिकतर समसामयिक, राजनैतिक, सामाजिक, सांस्कृतिक घटनाएँ तथा उनमें व्याप्त विसंगतियों के साथ जुड़ा हुआ है; फिर भी उसमें सार्थक अभिव्यंजना-शक्ति के प्रखर दर्शन होते हैं। उनके प्रमुख व्यंग्य संकलन—परिक्रमा, किसी बहान, जीप पर सवार इल्लियाँ, रहा किनारे बैठ, तिलस्म, दूसरी सतह, पिछले दिनों, यथासम्भव, हम भ्रष्टन के भ्रष्ट हमारे, मेरी श्रेष्ठ रचनाएँ आदि रहे हैं। इसके अतिरिक्त 'दो व्यंग्य' नाटक शीर्षक से 'एक था गधा उर्फ़ अलादाद ख़ान' और 'अन्धों का हाथी' व्यंग्य नाटक भी प्रकाशित हुए हैं।

व्यंग्य

हम भ्रष्टन के भ्रष्ट हमारे

शरद जोशी

देश के आर्थिक नन्दन कानन में कैसी क्यारियाँ पनपी-सँवरी हैं भ्रष्टाचार की, दिन दूनी-रात चौगुनी! कितनी डाल, कितने पत्ते, कितने फूल और लुक-छिप कर आती कैसी मदमाती सुगन्ध। यह मिट्टी बड़ी उर्वरा है, शस्य श्यामल, काले करमों के लिए। दफ़्तर-दफ़्तर नर्सरियाँ हैं और बड़े बाग़ जिनके निग़हबान बाबू, सुपरिंटेंडेंट, डायरेक्टर। सचिव, मन्त्री। ज़िम्मेदार पदों पर बैठे ज़िम्मेदार लोग, क्या कहने, आई. ए.एस., एम.ए., विदेश रिटर्न, आज़ादी के आन्दोलन में जेल जाने वाले, चरखे के कतैया, गाँधी जी के चेले, बयालिस के ज़ूलूस वीर, मुल्क का झण्डा अपने हाथ से ऊपर चढ़ाने वाले, जनता के अपने, भारत माँ के लाल, काल अंग्रेज़न के, कैसा खा रहे हैं रिश्वत गप-गप। ठाठ हो गये सुसरी आज़ादी मिलने के बाद। ख़ूब फूटा है पौधा सारे देश में, पनप रहा केसर क्यारियों से कन्याकुमारी तक, राजधानियों में, ज़िला दफ़्तर, तहसील, बी.डी.ओ., पटवारी के घर तक, ख़ूब मिलता है काले पैसे का कल्पवृक्ष, पी.डब्ल्यू.डी, आर.टी.ओ, चुंगी नाके, बीज गोदाम से मुंसीपाल्टी तक। सब जगह अपनी-अपनी क़िस्मत के टेण्डर खुलते हैं, रुपया बँटता है ऊपर से नीचे, आजू-बाजू। मनुष्य-मनुष्य के काम आ रहा है, खा रहे हैं तो काम भी तो बना रहे है। कैसा नियमित मिलन है, बिलैती खुलती है, कलैजी की प्लेट मँगवाई जाती है। साला कौन कहता है राष्ट्र में एकता नहीं, सभी जुटे हैं, खा रहे हैं, कुतर-कुतर पंचवर्षीय योजना, विदेश से उधार आया रुपया, प्रोजेक्टों के सूखे पाइपों पर 'फाइव-फाइव-फाइव' पीते बैठ हँस रहे हैं ठेकेदार, इंजीनियर, मन्त्री के दौरे के लंच-डिनर का मेनू बना रहे विशेषज्ञ। स्वास्थ्य मन्त्री की बेटी के ब्याह में टेलिविज़न बग़ल में दाब कर लाया है दवाई कम्पनी का अदना स्थानीय एजेंट। ख़ूब मलाई कट रही है। हर सब-इन्स्पेक्टर ने प्लॉट कटवा लिया कालोनी में। टाउन प्लानिंग वालों

की मुट्ठी गर्म करने से कृषि की सस्ती ज़मीन डेवलपमेंट में चली जाती है। देश का विकास हो रहा है भाई। आदमी चाँद पर पहुँच रहा है। हम शनिवार की रात टॉप फाइव स्टार होटल में नहीं पहुँच सकते, लानत है ऐसे मुल्क पर!

कहाँ पर नहीं खिल रहे भ्रष्टाचार के फूल। जहाँ-जहाँ जाती है सरकार, उसके नियम, कानून, मन्त्री, अमला, कारिंदे। जहाँ-जहाँ जाती है सूरज की किरन, वहीं-वहीं पनपता है भ्रष्टाचार का पौधा। ख़ूब बॉटनी है इसकी, बड़ी फैली ज्यॉग्रफ़ी, मोटा इतिहास, निरन्तर निजी लाभ का अलजेब्रा, उज्ज्वल भविष्य, भारतीय नेताओं, कर्मचारियों, अफ़सरों के हाथ में भाग्यरेखा के समानान्तर भ्रष्टाचार की नयी रेखा बन रही है आजकल। पालने में दूध पीता बच्चा सोचता है, आगे चल कर विधायक बनूँ या सिविल इंजीनीयर, माल कहाँ ज़्यादा कटेगा? पेट में था जब अभिमन्यु, तब रोज़ रात भ्रष्ट बाप सुनाया करते थे, ज़ेवरों से लदी माँ को अपने फ़ाइलें दाब रिश्वत खाने के कारनामे। सुनता रहता था कोख में अभिमन्यु। कितना अच्छा है ना! संचालनालय, सचिवालय के चक्रव्यूह में भतीजों की मदद करते हैं चाचा। लो बेटा, हम खाते हैं, तुम भी खाओ। मैं भी चक्रव्यूह में जाऊँगा माँ, आइस्क्रीम खाते हुए कहता है बारह वर्ष का बालक। माँ लाड़ से गले लगा लेती है, कान्वेंट, मिराँडा में पढ़ी, सुघड़ अँग्रेज़ी बोलने वाली माँ गले लगा लेती है होनहार बेटे को।

मन्त्रिमण्डलों में विराजते हैं भ्रष्टाचार के महाप्रभु, सबके सिर पर स्नेह का अदृश्य हाथ फेरते हुए। चिन्ता न करो भाई! 'हम भ्रष्टन के भ्रष्ट हमारे।' चारों तरफ़ लगता है हरा-भरा देश, विकास, ग्राण्ट, दौरे, भाषण, स्वागत। कुलाँचे भरते हैं यहाँ से वहाँ। आँगन में खेलते हैं, ठुमक-ठुमक चमचे, लाइसेन्स के उम्मीदवार, पुराने यार आन्दोलन के जमाने के। मधुर मुस्कान लिये देखते हैं मन्त्री महोदय अपनी उपजाति के नवयुवकों को। भाई, जानता हूँ तुम्हारे लिए भी कुछ करना है। फ़ोन लगाओ फलाँ को, मैं बात करूँगा, शायद तुम्हारे लिए कोई अच्छी जगह निकल आये उसके कारख़ाने में। हलो, हाँजी, हलो। हाँजी, अवश्य, अवश्य, आपकी जैसी आज्ञा!

गूँजती है, स्वरलहरी सारे देश में। तार जुड़ा है आपस में, यहाँ से वहाँ। पतली-पतली गलियों से बढ़ रहे हैं दबे पाँव लोग। फैल रहे हैं चूहे, सपनों के गोदाम में, कुतर गये इरादे इस देश के। उपसमितियाँ, आयोग, जाँच, बयान, पटल पर रखी सड़ रही वास्तविकताएँ। अख़बारों से निरन्तर आती है काले कारनामों की गन्ध। अर्थशास्त्र और राजनीति में भ्रष्टाचार का पॉल्यूशन। सफ़ाइयाँ पेश करते हैं मुख्यमन्त्री अपने मन्त्रियों की और मन्त्री अपने अफ़सरों की और अफ़सर बाबुओं की। हल्की-हल्की गुर्राहट, खुसफुसाहट, वादे, बोतल समाप्त होने के उपरान्त के भावुक स्वर। कल जरूर कर देने के इरादे। अनपढ़ माँ के अँग्रेज़ी छाँटते पूत, दवाई न मिलने

पर मर गये बाप के लखपति बेटे, अँधेरे बार के कोने में कन्या से चहचहाते।

पूरी धरती पर छा गये काले व्यवसाय के बादल। भ्रष्ट अफ़सर खरीदता है खेती यानी फार्म, जिसे जुतवाता है कृषि विभाग का असिस्टेण्ट, ट्रेक्टर कम्पनी के एजेण्ट से कह कर, जहाँ लगता है मुफ़्त पम्प और प्यासी धरती पीती है रिश्वतों का पानी, देती है गेहूँ, जो बिकता है काले बाज़ार में। सारे सागर की मसी करें और सारी ज़मीन का काग़ज़ फिर भी भ्रष्टाचार का भारतीय महाकाव्य अलिखित ही रहेगा। कैसी प्रसन्न बैठी है काली लक्ष्मी प्रशासन के फ़ाइलों वाले कमलपत्र पर, उद्योगों के हाथी डुला रहे हैं चँवर। चरणों में झुके हैं दुकानदार, ठेकेदार, सरकार को माल सप्लाई करने वाले नम्र, मधुर, सज्जन लोग। पहली सतह जो हो, दूसरी सतह सुनहरी है। बाथरूम में सोना दाब विदेशी साबुन से देशी मैल छुड़ाते सम्भ्रान्त लोग राय रखते हैं ख़ास पॉलिटिक्स में, बहुत खुल कर बात करते हैं पक्ष और प्रतिपक्ष से। जनाब जब तक गौरमण्ट कड़ा क़दम नहीं उठाती, कुछ नहीं होगा। देखा नहीं रहे करप्शन कितना बढ़ रहा है? आप कुछ लेंगे, शैम्पेन वग़ैरह! प्लीज़, तकल्लुफ़ नहीं, नो फॉर्मेलिटी।

देखिए, जहाँ तक करप्शन का सवाल है, कहाँ नहीं है। सभी देशों में है। भारत में तो काफ़ी कम है। फिर सवाल यह है कि महँगाई कितनी बढ़ रही है। बेचारा मिडिल क्लास कहाँ जाये। तनख़्वाह से तो गुज़ारा होता नहीं। मैं बीयर लूँगा।

आप ठीक कह रहे हैं। बैरा, दो बीयर। और सुनाइए कब सबमिट कर रहे हैं प्रोजेक्ट रिपोर्ट। हम बेसब्री से इन्तजार कर रहे हैं। हें-हें। यह आजकल जो नयी केब्रे गर्ल आयी है, बड़ी दुबली है।

प्रगति कर रहा है देश। मरकरी के नीचे पावडर लगाती सज रही हैं पार्टी के लिए बहुएँ, टाई कसते हुए सीटी बजा रहा है ऊँचे दहेज़ में मिला भ्रष्ट अफ़सर आई. ए.एस. दूल्हा। चीनी लड़कियों से बाल सेट करवा रही है, कुलवधू, कालगर्ल के एजेण्ट से समय तय कर रहा है कॉरिडॉर में पत्नी की प्रतीक्षा करता कम्पनी का सुसंस्कृत पब्लिक रिलेशन अफ़सर। राशन और साबुन की क्यू में खड़े लोग रेडियो की दुकान से आता संगीत सुनते भीगते रहते हैं। रोज़ खुल जाते हैं दफ़्तर, शो केस, रोज़ अपनी ज़रूरतों को कम करता जाता है साधारण आदमी। वही क्यू, वही मिलावट, वही भाषण!

झोंपड़पट्टी के बाहर खेलते रहते है गन्दे काले बच्चे। इम्पाला में रविशंकर का लेटेस्ट एल.-पी. खरीद लौटती हुई औरत सोचती है, ये लोग अपने बच्चों को स्कूल क्यूँ नहीं भेजते? रेल के बाहर से खिड़कियों में हाथ फैला रोटी, बची हुई सब्ज़ी या पाँच-दस पैसा माँगते हैं, गन्दे घिनौने भिखारी। एयरकण्डीशन कार में अपने टोस्ट

पर मक्खन लगाता रेलवे केटरिंग को नापसंद करता वह शरीफ़ आदमी आमलेट खाते सहयात्री से पूछता है राष्ट्रीय प्रश्न, ये लोग भीख क्यूँ माँगते हैं? कोई मेहनत-मज़दूरी क्यों नहीं करते? हर विषय में ख़ास राय रखते हैं सभ्य जन। पॉलिटिक्स में दो टूक बात करते हैं सलाद पर नमक छिड़कते हुए। रिज़र्व बैंक की पॉलिसी का विवेचन करते हुए क्लब के सम्भ्रान्त सदस्य कनखियों से नापते रहते हैं दूसरे की पत्नी की कमर। ख़ूब मज़ा है इस देश में। कितना रंगीन और ख़ूशबूदार है प्रगति का चित्र। नासिक और देवास के कारख़ाने छापते रहते हैं नोट। पेरिस, लन्दन, न्यूयॉर्क से रिसती रहती है विदेशी सहायता। खेलता है डनलपिलो पर लेटा बालक हाँगकाँग का खिलौना, रोजेज लगवाती है नये माली से मैडम खुद खड़ी हो गार्डन में, अन्दर साहब युवा आया को इशारे से स्टडी में बुलाता है। आगे बढ़ रहा है सुसन्स्कृत देश भ्रष्टाचार के नल, नाली, चहबच्चे, तालाब, नदी, सींच रहे हैं राष्ट्र का नया व्यक्तित्व। देश की आत्मा चुपके से खा रही है स्मगल की ऑस्ट्रेलियन पनीर और घिघिया कर देखती है काले धन से उठे समन्दर किनारे के आकाश छूते भवन! प्रगति कर रहा है देश। जीभ लपलपा कर इधर-उधर देख रहे हैं लोग। सबको अपना जीवन छोटा लगने लगा है। कहीं से जमे डोल। सेमिनार में जनसंख्या और ग़रीबी के सवाल पर आँकड़ों से लदा अँग्रेज़ी में लेख पढ़ होटल के कमरे में लौटता है विदेश से लौटा बुद्धिजीवी। दरवाज़ा खोल बैरा धीरे से पूछता है, साहब शौक़ करते हैं क्या? लाऊँ, दो नयी आयी हैं। नेपालन या आप जो पसन्द करें। कितनी साफ़ बात कही थी उसने जनसंख्या के सवाल पर, खुद उपमन्त्री चाय के वक़्त प्रशंसा कर रहे थे।

उज्ज्वल है देश का भविष्य। कौन कहता है, हम प्रगति नहीं कर रहे। आगे नहीं बढ़ रहे हर क्षेत्र में। प्रतिभा की कमी नहीं है इस देश में। हमारी समस्या है, विकास के लिए पर्याप्त धन का अभाव। इसी कारण हमारी योजनाएँ पूरी नहीं हो पा रहीं। यदि थोड़े धन की व्यवस्था हम जुटा लें, तो बहुत तेज़ी से अन्य मुल्कों के बराबर आ सकते हैं।

ठीक कह रहे हैं आप। मेरे ख़्याल से अब खाने का आर्डर दे दिया जाये। वॉट वुड यू लाइक टू हैव? चिकन!

डॉ. रामकुमार वर्मा

रामकुमार वर्मा का जन्म 15 नवम्बर सन 1905 में मध्य प्रदेश के सागर नामक स्थान में हुआ था। बहुमुखी प्रतिभा के धनी समीक्षक, एकांकीकार, इतिहासकार, कवि आदि अनेक रूपों में डॉ. रामकुमार वर्मा हिन्दी जगत से परिचित हैं। वर्माजी ने विभिन्न विधाओं में लेखन किया है। रामकुमार वर्मा की चिन्तनधारा पर महात्मा गाँधी का प्रभाव है। इसी का परिणाम है कि विधा चाहे जो भी हो, उनके साहित्य में आदर्श की स्थापन पर बल मिलता है।

डॉ. रामकुमार वर्मा ने अपना साहित्यिक जीवन कविता से प्रारम्भ किया था। उनके "चित्ररेखा", "चन्द्रकिरण", "आकाशगंगा" आदि काव्य-संग्रह प्रसिद्ध हैं। उन्होंने "एकलव्य" नामक महाकाव्य तथा "हिमहास" नामक गद्यकाव्य की भी रचना की है। समालोचन के क्षेत्र में भी उनका योगदान महत्वपूर्ण है। उनके "साहित्य-समालोचना", हिन्दी साहित्य का आलोचनात्मक इतिहास, "कबीर का रहस्यवाद तथा साहित्यशास्त्र" आदि आलोचनात्मक ग्रन्थ हैं। उनका "विचार दर्शन और अनुशीलन" यह निबंध-संग्रह भी प्रसिद्ध है।

डॉ. रामकुमार वर्मा का देहांत सन 1990 को हुआ।

महात्मा गाँधी

डॉ. रामकुमार वर्मा

आकाश मण्डल के उत्तर में एक नक्षत्र राशि का नाम सप्तऋषि मण्डल है और यह सप्तऋषि मण्डल जिस नक्षत्र की परिक्रमा करता है; उसका नाम ध्रुव नक्षत्र है। मुझे ऐसा लगा कि इस देश के ही नहीं, समस्त संसार की राजनीतिक दृष्टियाँ जिसकी परिक्रमा करती हैं, उसका नाम महात्मा गाँधी है।

अपने बाल्यजीवन से ही मैं महात्मा गाँधी का नाम सुनता आ रहा था और अनेक समाचार-पत्रों में उनका विविध मुद्राओं में चित्र भी देखा करता था और इस प्रकार अपने देश के स्वर्णिम भविष्य के निर्माता के रूप में महात्मा गाँधी को अपनी श्रद्धा के सुमन भी समर्पित करता रहता था। बात सन 1921 की है, जब उन्होंने नागपुर में सम्पन्न हुए अखिल भारतीय कांग्रेस के अधिवेशन में विदेशी शासन के विरुद्ध असहयोग का प्रस्ताव स्वीकृत कराया और देश-भर में असहयोग की लहर किसी समुद्री ज्वार का रूप लेकर सारे देश के विचारों को आन्दोलित करने लगी। और...एक दिन ऐसी घटना घटी की उसने मेरे जीवन की दिशा ही बदल दी।

असहयोग आन्दोलन को देशव्यापी बनाने के लिए महात्मा गाँधी ने तुर्की में उठे हुए ख़िलाफत आन्दोलन को भी इस दृष्टि से सहानुभूति प्रदान की कि इससे उनके आन्दोलन को मुसलमानों का सहयोग भी प्राप्त हो जायेगा। उस समय भारत के मुसलमानों के दो प्रसिद्ध नेता थे—शौक़त अली और मुहम्मद अली जो अलीबन्धु के नाम से प्रसिद्ध थे। परिणाम यह हुआ कि अलीबन्धु भी महात्मा गाँधी के साथ असहयोग आन्दोलन में सम्मिलित हो गये। देश-भर में वे दोनों ख़िलाफ़त आन्दोलन के साथ-साथ असहयोग आन्दोलन का प्रचार एवं प्रसार समस्त देश में करने के लिए अपना कार्यक्रम निश्चित करने लगे। एक दिन मौलाना शौक़त अली मध्य प्रदेश

के नरसिंहपुर नगर में धूमधाम के साथ आए।

नरसिंहपुर मध्य प्रदेश का एक सामान्य नगर है और मैं उस समय वहाँ के क्रिश्चियन हाई स्कूल के नौवीं क्लास का विद्यार्थी था। मेरा पैतृक भवन नरसिंहपुर में ही था। मेरे बड़े भाई श्री रामेश्वरदयाल वर्मा उस समय के एक प्रतिष्ठित वकील थे। मेरे पिता श्री लक्ष्मीप्रसाद वर्मा उस समय मण्डला नगर में सरकारी पद पर डिप्टी कलेक्टर थे और वे मेरे बड़े भाई रामेश्वरदयाल वर्मा पर मेरे सुचारु रूप से अध्ययन कराने का भार छोड़ कर अपने कार्य पर चले गए थे। मैं अपने स्कूल का मेघावी छात्र समझा जाता था और मुझे सरकारी छात्रवृत्ति भी प्राप्त हो रही थी। योग्यता की दृष्टि से मुझे अपनी क्लास का मानिटर भी बना दिया गया था। बड़े उत्साह के दिन थे वे। पढ़ने में मेरी संलग्नता देख कर दसवीं कक्षा के विद्यार्थी भी मेरी योग्यता पर ईर्ष्या करते थे। स्कूल के हेड मास्टर मि. अब्दुल रहीम आशा लगाए थे कि दसवीं परीक्षा में मैं समस्त मध्य प्रदेश के विद्यार्थियों में प्रथम स्थान प्राप्त कर, उनके स्कूल का नाम सारे मध्य प्रदेश की शिक्षा के इतिहास में स्वर्णिम अक्षरों में लिखा दूँगा, किन्तु नियति को यह स्वीकार नहीं था।

उस दिन मौलाना शौक़त अली नरसिंहपुर आए और उनके सम्मान में गाँधी चौक पर जो महासभा आयोजित हुई, उसमें उन्होंने एक पुरजोर तक़रीर की। उन्होंने बुलन्द आवाज में दहाड़ लगाई और कहा कि इस जुल्म ढाने वाली सरकार ने हिन्दुस्तान के जिस्म से ख़ून की एक-एक बूँद निचोड़ ली और इस मुल्क को मुर्दा बना दिया है। महात्मा गाँधी ने, जो नयी ज़िन्दगी की हरकत पैदा की है, उसमें हम लोग उनका हिम्मत से साथ दें और ख़िलाफ़त और असहयोग आन्दोलन के दौर में इस विदेशी सरकार को नेस्तनाबूद कर दें। हमें आज सरकार के हर काम में नाइत्तफ़ाक़ी का ऐलान करना है, सरकारी नौकरियाँ छोड़ देनी हैं और वकीलों की अपनी वकालत तक बन्द कर लेनी चाहिए। यह हमारे सामने दर्जनों की तादाद में जो नौनिहाल बैठे हुए हैं, इन्हें स्कूलों से अपना नाता छोड़ देना चाहिए, क्योंकि ये सरकारी स्कूल गुलामों को ढालने के कारख़ाने हैं। इन नौनिहालों में से कितने माई के लाल हैं, जो खड़े हो कर यह कह दें कि हम कल से स्कूल नहीं जाएँगे और अंग्रेज़ी तालीम से कोई वास्ता नहीं रखेंगे। उन्होंने बुलन्द आवाज में गरज कर कहा, है यहाँ कोई माई का लाल?

मैं एक क्षण-भर के लिए क्रान्ति के थपेड़ों में अस्त-व्यस्त हो गया। एक ओर पिता की सरकारी पद-मर्यादा और मेरे हेड-मास्टर की मेरे प्रति स्वर्णाकांक्षा कि मैं उनके स्कूल का नाम प्रान्त-भर में रजताक्षरों से अंकित कर दूँ और दूसरी ओर महात्मा

गाँधी के प्रति मेरी श्रद्धा और मौलाना शौक़त अली का माई के लाल होने की आवेश-भरी चुनौती, जबकि मैं अपनी माँ को किसी देवी से कम नहीं समझता था। इस समय यदि मैं मौलाना शौक़त अली के आह्वान पर स्कूल न जाने की घोषणा न करता, तो क्या मैं अपनी माई का लाल नहीं हूँ? और यदि स्कूल छोड़ देता हूँ, तो मेरे जीवन का स्वर्णिम भविष्य क्या होगा? पिता की पदोन्नति पर जो प्रश्न चिह्न लगेगा, उसे मैं किस प्रकार मिटा सकूँगा? बड़े भाई मुझसे क्या कहेंगे? इन सारे प्रश्नों का महाभारत एक ही क्षण में मेरे मानस के कुरुक्षेत्र में हो गया। दूसरे एक क्षण में मैंने उठ कर घोषणा कर दी कि कल से मैं स्कूल नहीं जाऊँगा। सारी सभा में सन्नाटा छा गया कि डिप्टी साहब का लड़का, वकील साहब का भाई, स्कूल का सबसे मेधावी छात्र, मानीटर कह रहा है कि कल से स्कूल नहीं जाऊँगा। लोगों में कानाफूसी हुई। दम-भर का जोश है, कल सब नशा उतर जाएगा और मैंने उसी बात को अपने स्वर में मिला कर कह दिया कि "यह क्षणिक आवेश नहीं है, मैंने स्कूल छोड़ दिया है।" इतना कहने पर शौक़त अली के मुँह से "शाबास" शब्द निकला। क्लास के मानीटर रामकुमार वर्मा के इस घोषणा करने पर क्लास के कुछ और विद्यार्थियों ने भी रामकुमार का साथ दिया और इस प्रकार प्रशंसा, व्यंग्य तथा परिहास के मिले-जुले शब्दों के साथ वह सभा भंग हुई।

महात्मा गाँधी के नाम का ऐसा जादू था कि मैंने गाँव-गाँव में जा कर खद्दर बेचा, प्रभातफेरियों में जा कर गीत गाए, चरखा चलाया। महात्मा गाँधी के सान्निध्य में जा कर आशीर्वाद प्राप्त किया और उनसे प्रोत्साहन के शब्द प्राप्त किये। यद्यपि मेरे इस कार्य से मेरे घर वालों को असन्तोष हुआ, पिता ने आक्रोश-भरे शब्दों से मेरे अन्धकारमय भविष्य का चित्र खींचा, तथापि पूज्य पुरुषों का अभिशाप भी वरदान सिद्ध हो जाता है। महात्मा गाँधी के आन्दोलन में सम्मिलित होने के कारण प्रभातफेरी में गीतों की जो आवश्यकता पड़ी तो मैं काव्य रचना की ओर झुका। मैं नौवीं क्लास में ही कवि बन गया। इससे मुझे राष्ट्रीय ही नहीं, अन्तर्राष्ट्रीय सम्मान भी प्राप्त हुआ। यह तो गाँधी के नाम का प्रताप था। अब उनके निकट सम्पर्क का क्या प्रभाव था, यह मेरे जीवन का एक दूसरा पक्ष है।

दूसरे वर्ष ही गोरखपुर उत्तर प्रदेश में चौरी-चौरा काण्ड हुआ और महात्मा गाँधी ने अपना असहयोग आन्दोलन वापस लिया—यह कह कर कि देश अभी पूरी तरह से असहयोग के लिए तैयार नहीं है। माँ के आदेश पर मैंने फिर अपना अध्ययन का क्रम आगे बढ़ाया। सन 1929 में मैंने एम.ए. की परीक्षा उत्तीर्ण की और मैं प्रयाग विश्वविद्यालय में हिन्दी विभाग के अन्तर्गत प्रवक्ता नियुक्त हो गया। साथ ही हिन्दी

प्रेम के कारण मुझे अखिल भारतीय हिन्दी सम्मेलन में स्वर्गीय पुरुषोत्तमदास टण्डन ने परीक्षा मन्त्री बना दिया। उसी समय सन 1937 में मुझे उत्तमा परीक्षा की मौखिक परीक्षा के लिए वर्धा जाने का सुयोग प्राप्त हुआ। यहाँ महात्मा गाँधी सेवाग्राम में निवास करते थे। परीक्षा सम्पन्न करने के बाद मैंने अपने आतिथेय स्वर्गीय श्रीमन्नारायण अग्रवाल (जो बाद में गुजरात के गवर्नर हुए) से अपनी इच्छा प्रकट की कि मैं गाँधीजी के दर्शन करना चाहता हूँ। उन्होंने गाँधीजी के प्राइवेट सेक्रेटरी से टेलीफ़ोन कर दूसरे दिन प्रातः 8.30 समय निश्चित करा दिया। मैं प्रसन्नता से गदगद हो गया कि सोलह वर्षों के बाद में गाँधीजी के निकटतम सम्पर्क में आ सकूँगा। मैं दूसरे दिन स्नानादि से निवृत्त हो कर गाँधीजी की सेवाग्राम कुटी पर श्रीमन्नारायण के साथ पहुँच गया। कुटी की दाहिनी ओर श्रीमती कस्तूरबा का निवास था। वे सामने ही दीख पड़ीं, मैंने उन्हें प्रणाम किया और उन्होंने मुझे अन्दर बुला लिया। श्रीमन्नारायण ने मेरा परिचय दिया तो "बा" ने कहा जब माँ के पास बेटा आता है तो माँ के मन में पहली बात यह आती है कि मेरे बेटे ने कुछ खाया या नहीं? मैंने निवेदन किया कि मैं सुबह नाश्ता करके आया, किन्तु वे मानीं नहीं। उन्होंने कहा कि माँ को सुख मिलता है, जब वह बेटे को अपने सामने बिठा कर खिलाती है। ऐसा कहते हुए उन्होंने मेरे सामने अंजीर के बड़े पत्तों पर शहद, छुहारे तथा अन्य कुछ मीठे फल रख दिये और कहा, "मेरा बेटा मेरे सामने खाए।" मैंने और श्रीमन्नारायण ने उनकी आज्ञानुसार कुछ खाया, फिर आश्रम की अनेक बातें होने लगीं और फिर बातों-बातों में घड़ी की सुइयाँ 8.50 से आगे बढ़ गईं, गाँधीजी के प्राइवेट सेक्रेटरी हमारी राह देख रहे थे और हमें गाँधीजी से भेंट करने का सौभाग्य प्राप्त हुआ।

गाँधीजी समय के सबसे बड़े सर्वेक्षक थे। उनका मिनट-मिनट पर कार्यक्रम निर्धारित होता था। हमें निर्धारित समय से दस मिनट का विलम्ब हो गया था और गाँधीजी ठीक नौ बजे अपना दूसरा कार्यक्रम करने लगे थे, अर्थात एक आदमी उनके शरीर पर तेल की मालिश करने लगा। फिर भी उन्होंने हमें सामने बैठाया और श्रीमन्नारायण ने मेरा परिचय दिया कि मैं इलाहाबाद विश्वविद्यालय में प्रोफ़ेसर हूँ। और मैंने भी असहयोग आन्दोलन में सन 1921 में स्कूल छोड़ दिया था। आश्चर्य हुआ कि गाँधीजी को वह पुरानी स्मृति इस समय भी याद आ गई और मेरे प्रोफ़ेसर होने पर बधाई दी। लेकिन अपनी धोती की पट्टी से घड़ी निकाल कर कहा, "प्रोफ़ेसर को दस मिनट की देर हो गई।" बार-बार ज़ोर दिया, "दस मिनट"—"दस मिनट" की देर हो गई और इसी वाक्य के अन्तिम स्वरों में उन्होंने जो बात कही, उससे मुझे

जीवन-भर की एक अभूतपूर्व प्रेरणा प्राप्त हुई। उन्होंने कहा, जब प्रोफ़ेसर को दस मिनट की देर होती है तो उसके विद्यार्थी को दस घण्टे की देर होती है। जब विद्यार्थी को दस घण्टे की देरी होती है तो समाज को दस महीने की देर होती है, तब देश दस वर्ष पीछे चला जाता है। प्रोफ़ेसर की दस मिनट की देरी देश को दस वर्ष पीछे ले जाती है। और मुझसे कहा, "ये बात ठीक है न प्रोफ़ेसर साहब?" मैं क्या उत्तर देता। मैंने कहा, "बापू, देर के लिए क्षमा चाहता हूँ। माँ की ममता ने मुझसे देरी करवा दी।' उन्होंने तीव्र स्वर में कहा— "माँ की ममता अपनी जगह है और समय की गति अपनी जगह है। दोनों को अलग-अलग रखना चाहिए।" मेरी आँखों से जैसे मेरे कार्यकलापों के सारे व्यवधान दूर हो गए और समय की तीक्ष्ण नोक अपनी प्रखरता के साथ सर्वदा के लिए मेरे हृदय में चुभ गई। मैंने बापू से कहा, "मैं अपने समय के एक-एक क्षण का ध्यान रखूँगा। इस बार आप मुझे क्षमा कर दें।" उन्होंने कहा, "विदेशों में जिन देशों ने प्रगति की है, उन्होंने समय की गति को पहचाना है। वे समय के एक-एक क्षण को रत्नकण की भाँति चयन करते रहे हैं और उसे रचनात्मक कार्यों की कसौटी पर कसते हैं। हमारे देश में समय को धूल-कणों की भाँति फूँक मार कर उड़ा दिया जाता है। जब हमारा देश समय की कीमत करना जानेगा, तब हमारे देश को किसी बात की कमी नहीं रहेगी।" मैंने विनम्रता से कहा कि "नीति में कहा गया है कि जब किसी महापुरुष के पास दर्शनार्थ कोई व्यक्ति पहुँचता है तो उसे भेंट ले कर जाना चाहिए, मैं भी आपकी भेंट के लिए अपना कवि-धन लाया हूँ। वह है मेरा काव्य-संग्रह 'चित्ररेखा'।" ऐसा कह कर मैंने 'चित्ररेखा' की प्रति खद्दर के वस्त्र में लपेट कर भेंट कर दी। श्रीमन्नारायण ने कहा, "इस ग्रन्थ पर इन्हें हिन्दी काव्य का सर्वश्रेष्ठ पुरस्कार दो हज़ार रुपये प्राप्त हुआ है।" गाँधीजी ने घूरते हुए कहा, "उस पुरस्कार में मेरा हिस्सा कहाँ है? मुझे हरिजनोद्धार के लिये रुपया चाहिये। मैं तो बनिया हूँ, पैसा इकट्ठा करना जानता हूँ।" मैंने कहा, "बापू, यह एक वर्ष पहले की बात है। तब से रुपया ख़र्च हो गया। इस समय जो पास है, वह समर्पित करता हूँ।" उन्होंने कहा, "इसीलिये एक वर्ष बाद आये हो, ताकि बापू को रुपया न देना पड़े। कोई बात नहीं, अब जब भी पुरस्कार मिले तो बापू का ध्यान रखना।" मैंने कहा, "बापू, इसमें आपके आशीर्वाद की ध्वनि है कि भविष्य में भी मुझे पुरस्कार मिलेगा।" बापू ने हँसते हुए मेरी पुस्तक 'चित्ररेखा' खोली और कहा, "यह तो गीतों को संग्रह है, तुम गाना गाते हो।" मैंने कहा, "बापू, मेरी माँ बहुत अच्छी गाती थीं, मुझे भी गीतों के स्वर मालूम हैं। लेकिन शास्त्रीय ढंग से संगीत का अभ्यास नहीं कर पाया।" उन्होंने पूछा, "तुम सुबह कितने

बजे उठते हो?" मैंने कहा, "सुबह पाँच बजे।" उन्होंने कहा, "टहलने जाते हो?" तो उत्तर दिया, "जाता हूँ"। उन्होंने प्रश्न किया, "चिड़ियों का संगीत सुना है?" मैंने कहा, "ऐसा कौन है जो सुबह टहलने के लिए जाए और चिड़ियों का संगीत न सुने।" उन्होंने हँसकर कहा, "चिड़ियों ने किस शाला में संगीत सीखा है?" मैं निरुत्तर हो गया। मैंने कहा, "बापू, उन्हें किस अध्ययनशाला की आवश्यकता है?" उन्होंने कहा, "जो स्वर हृदय से निकलता है, आत्मा से प्रस्फुटित होता है, वही संगीत है और इस दृष्टि से मैं भी अच्छा गायक हूँ। क्योंकि हर बात को मैं अपने अन्तस्तल से कहता हूँ। तुम भी जो बात कहो वह कण्ठ से न कहो, हृदय से कहो।" फिर उन्होंने मेरी काव्य-पुस्तक ले कर एक गीत गुनगुनाना शुरू कर दिया और मुझसे पूछा, "तुम्हें मेरा संगीत अच्छा लगा?" मैंने बापू से कहा, "मेरी कविता धन्य हो गई, जो आज आपके कण्ठ से उच्चरित हो रही है।" मेरी प्रशंसा के स्वरों को रोक कर उन्होंने घड़ी निकाली और कहा, "तुम्हारे मिलने का समय समाप्त हो गया है।" मैंने उन्हें प्रणाम किया और श्रीमन्नारायण के साथ उनकी कुटी से बाहर चला आया।

अनुभव हुआ जैसे आनन्द और प्रकाश के मानसरोवर में स्नान कर मैं बाहर निकला हूँ। इस महामानव के एक-एक वाक्य में जैसे जीवन हज़ार-हज़ार पँखुड़ियों में खिल कर आनन्द और उत्साह की सुगन्ध सन्सार के कण-कण में व्याप्त कर रहा है। यह मानव शरीर से कितना दुर्बल है, लेकिन आत्मा से कितना शक्तिशाली है, जिसके एक-एक वाक्य में हमारे देश की राजनीति, हमारे देश का दर्शन, हमारे देश का धर्म नयी-नयी परिभाषाएँ सीख रहा है। शताब्दियों में उत्पन्न होन वाले ऐसे महमानव के जन्म से हमारे देश ने जिस स्वाधीनता का स्वप्न देखा था, वह साकार हो कर भी स्थिर नहीं रह सका। इस प्रश्न का उत्तर पाने के लिए हमें आज फिर गाँधी-दिशा की ओ जाना पड़ेगा।

विष्णु प्रभाकर

विष्णु प्रभाकर का जन्म 21 जून, 1912 ई. को मीरापुर, ज़िला मुज़फ़्फ़रनगर, उत्तरप्रदेश में हुआ। 1955 से 1957 तक आकाशवाणी के दिल्ली केन्द्र पर नाटक निर्देशक के पद पर रहे। उसके बाद नौकरी छोड़ स्वतन्त्र रूप से लिखने लगे। लेखन में बचपन से ही रुचि थी। नियमित लेखन 1934 से आरम्भ हुआ। विष्णुजी की प्रकाशित रचनाओं में 6 उपन्यास, 19 कहानी-संग्रह, 3 लघुकथा-संग्रह, 16 नाटक, 3 रूपान्तर, 16 एकांकी नाटक, 2 अनूदित नाटक, रूपक-संग्रह, 14 जीवनी और संस्मरण, 4 यात्रा-वृतान्त, 2 विचार निबन्ध, 11 बाल-नाटक व एकांकी-संग्रह, 2 जीवनियों, 12 बालकथा-संग्रह और 19 विविध पुस्तकें आदि हैं। एक उपन्यास, तीन कहानी-संग्रह, दो नाटक, दो जीवनी व संस्मरण चार बाल व प्रौढ़ साहित्य रचनाएँ पुरस्कृत हो चुकी हैं।

विष्णु प्रभाकर की प्रमुख रचनाओं में "कोई तो" तथा "स्वप्नमयी" आदि उपन्यास, "आदि और अन्त", "संघर्ष के बाद", "धरती अब भी घूम रही है", "ढलती रात" आदि कथा-संग्रह, "डॉक्टर", "युगे-युगे क्रान्ति", "नवप्रभात" नाटक हैं। साथ ही इन्होंने "प्रकाश और परछाई", "ये रेखाएँ ये दायरे" और "मेरे श्रेष्ठ एकांकी" एकांकी संग्रह हैं। इसके अतिरिक्त इनकी "तट के बन्धन", "निशिकान्त", "दर्पण का व्यक्ति", "आवारा मसीहा", "पुल टूटने से पहले", "कुहासा और किरण", "जाने अनजाने" आदि कृतियाँ भी प्रसिद्ध हैं।

जमनोत्री की यात्रा

विष्णु प्रभाकर

यात्रा के सम्बन्ध में एक प्रसिद्ध यायावर ने लिखा है—

"जिस मनुष्य की वृत्तियाँ विकृत नहीं होतीं, उसके लिये यात्रा की प्रेरणा भी उतनी ही स्वाभाविक होती है। जिस प्रकार बारिश के शुरू होते ही साँड़ अपने सींगों से ज़मीन खोद कर उसे सूँघने लगता है, उसी तरह यात्रा का अवसर प्राप्त होती ही अपने आप मनुष्य के पैर बिना पूछे चलने लगते हैं। यदि कोई उससे पूछे— "कहाँ चले?" तो वह कहेगा, मुझे कुछ पता नहीं; जहाँ जा सकूँगा चला जाऊँगा। जाना, चलना, नये-नये अनुभव करना, बस, यहीं मैं जानता हूँ। आँखें प्यासी हैं, सारा शरीर क्षुधित है, इसलिए पैर चलते हैं। इससे अधिक मैं कुछ नहीं जानता।"

अपनी वृत्तियों के बारें में मैं स्वयं क्या कहूँ? लेकिन आँखें अवश्य प्यासी हैं, शरीर भूखा है और नये-नये अनुभव करने को तो मन सदा व्याकुल रहता ही है। इसलिए जब हमारे यात्री दल ने इस बार गर्मियों में गंगा-यमुना की जन्मभूमि की यात्रा करने का प्रस्ताव रखा तो मन एकबारगी उछल पड़ा। सभी देश अपने नदियों को प्यार करते हैं, लेकिन भारत अपनी "गंगा-यमुना" को "माँ" कह कर प्यार ही नहीं करता, उनकी पूजा भी करता है। वे पतित-पावनी हमारें पापों को बहा भी ले जाती हैं। उसने भूगोल को अध्यात्म का रूप दिया है और प्राणहीन "भू" और गन्धहीन "जल" में माँ के स्नेह की कल्पना की है। तभी तो प्रतिवर्ष अनेकानेक भारतवासी अपनी इस ममतामयी माँओं को जन्म-भूमि में जाने के लिये प्राणों की बाज़ी लगा देते हैं।

पर आज तो विज्ञान का युग है। गर्वीले मानव ने साधन के बल पर बीहड़ मार्गों पर मोटर चला दी है। बस द्वारा हम हरिद्वार, ऋषिकेश, नरेन्द्र नगर और धरासु होते हुए डण्डल गाँव तक जा पहुँचे। यहीं से पैदल-यात्रा का आरम्भ होता है। जिस समय

हमने बस से विदा ली, उस समय भोर की शीतल समीर बह रही थी और चीड़ तथा बाँस की नयनभिराम वृक्षावली को देख कर मन पुलक-पुलक उठता था। यहाँ से हम लोग पहले पठाव गंगानी-चट्टी की ओर चल पड़े। कुछ ही दूर जाने पर यमुना के प्रथम दर्शन हुए। अहा! यही है वह काली कालिन्दी जो सूर्य-सुता और यमभगिनी है, जिसके तट पर मोहन ने रास रचाए थे, जिसके तट पर शाहजहाँ की "आँखों का आँसू" विश्व का अद्भुत सौन्दर्य "ताज" खड़ा है। इसी नीलवर्णी, क्षीणकाय, स्वच्छ-शान्त यमुना को देर तक देखता रहा, मानो कोई सुदृढ़ शरीर वाली पर्वतीय बाला प्रीतम की दृष्टि नयनों में भरे आतुर-व्याकुल ऊँचे-नीचे मार्गों पर चली जा रही है।

लेकिन प्रकृति यहाँ जितनी रूपसी है मानव और उसकी बस्तियाँ उतनी ही गन्दी हैं। फिर गंगानी में भीड़ भी थी, सो रात में यहाँ रुकने का विचार त्याग कर आगे बढ़ चले। दूर से जो शान्त दिखायी देती थी, पास जाने पर वही शान्त यमुना शोर मचा कर इठलाने लगी। पत्थरों से टकरा-टकरा कर उसका श्यामल-नील जल फेनिल धवल हो उठा। तभी सहसा मन में उठा, जहाँ यमुना के प्रथम दर्शन हो उस स्थान का नाम गंगानी (अर्थात् गंगा लायी गयी) क्यों? पूछने पर जाना कि प्राचीन काल में वहाँ एक ऋषि रहते थे जो रोज भयंकर राढी पर्वत को पार करके सोलह मील दूर गंगास्नान करने जाया करते थे। बुढ़ापे में यह सम्भव नहीं हुआ तो उन्होंने गंगा की स्तुति की और वह प्रसन्न हो कर वहीं एक कुण्ड में प्रकट हुई। इस प्रतीक-कथा के पीछे मनुष्य की प्रबल इच्छा-शक्ति और कर्म-निष्ठा का इतिहास छिपा है। वह कुण्ड आज भी वर्तमान है। मन-ही-मन उस कुण्ड के निर्माता यामुन ऋषि को प्रणाम करके आगे बढ़े। देखा, ऊपर वन में बड़ी भयंकर आग लगी है और निरन्तर पत्थरों की बौछार हो रही है। पूछिये नहीं किस प्रकार उस मार्ग को पार किया; पर किया अवश्य। न कर पाता तो आपको यह कथा कैसे सुनाता?

अगले पड़ाव पर पहुँचते-पहुँचते रात हो गयी। यही नहीं, धर्मशाला में तिल धरने को स्थान न था। चौकीदार भी घबरा कर भाग गया था। अब क्या हो? तभी एक कुमायुँनी महिला को हम पर दया आयी और उसने नाममात्र का किराया ले कर हमें अपनी खुली दुकान में रात बिताने की अनुमति दे दी। उस उदारहृदया पर्वतीय बाला ने हमें सभी सुख-सुविधा देने का पूरा प्रयत्न किया, पर उस चट्टी में खाने को कुछ न बचा था, दूध चाय तक न मिली। हमारी बोझी कहीं मार्ग में रह गये थे।

वह रात कभी नहीं भूलेंगे—खुली दुकान में एक टिमटिमाता लालटेन था, जिसका प्रकाश अन्धकार को और भी डरावना बना रहा था। कुत्ते निरन्तर भौंके जा

रहे थे। खच्चर हिनहिनाते थे। हर आहट पर बोझी के आने की आशा होती थी। सामने अपूर्व दृश्य था, पूरे-के-पूरे पहाड़ जल उठे थे। अग्नि कहीं वर्तुल, बनती थी कहीं धनुषाकार रूप धारण करती थी, कहीं एक नया, तारों भरा आकाश निर्मित हो गया था। मानो कोई विश्वमित्र-सा प्रचण्ड तपस्वी नया स्वर्ग रचने की प्रतिज्ञा कर चुका हो। अब नींद कैसे आती? फिर यमुना मैया का स्वर भी तो दूर से आने वाले संगीत की तरह गूँज रहा था।...

सवेरे चाय पी कर आगे बढ़े तो मार्ग कठिन चढ़ाई-उतराई का था। कहीं-कहीं तो पुल निरे काठ के, भुजाहीन, बीच में पहुँचने पर ऐसे हिले कि अब गिरे, अब गिरे। उस समय नीचे नदी में देखने पर धरती घूम-घूम उठती, लेकिन न जाने किसी अनादि काल से लक्ष-लक्ष मानवों के चरणों से इससे भी भयंकर पुलों पर ये यमुना मैया को पार किया। हम भी मार्ग में पड़ाव करते हनुमान चट्टी पहुँच गये।

लेकिन भोजन-विश्राम के बाद जैसे ही चले तो पाँच फर्लांग की कड़ी चढ़ाई से लोहा लेना पड़ा। दोपहर की धूप और शरीर पर छाया हुआ अन्न का अवसाद। एक चढ़ाई पूरी करते दूसरी सामने उभर उठती। पाँच फर्लांग पाँच मील बन गये, लेकिन जैसे इसका अन्त हुआ हम एक दिव्य प्रदेश में पहुँच गये। मीलों तक देवदारु के मनोरम वृक्ष स्वागत में ग्रीवा उठाये खड़े थे। नीचे चारों ओर हरीतिमा बिखरी थी। आकाश भी सुरमई घटाओं से भर उठा। एक ओर देवदारु के कुंज, दूसरी ओर बनवासी श्वेत गुलाब की सुगन्ध, नाना औषधियों का द्रुम दल। आँख भर-भर उठी, तपोवन और कैसा होता होगा। पक्षी चहक रहे थे। नीचे से यमुना का संगीत मुखर हो रहा था। क्या ही अच्छा हो, घर-घर में "हेलीकोप्टर" हों और हम लोग "पिकनिक" के लिये वहाँ जा सकें। कैसा है यह देवदारु का शान्त, भव्य, ऊपर को उठता और संकीर्ण होता गया नुकीली अँगुलियों वाला गर्वोन्नत वृक्ष, मानो देवमन्दिर हो।

सहसा वर्षा होने लगी। पहाड़ी प्रदेश की वर्षा, जिसके आरम्भ और अन्त का कुछ पता नहीं। यात्री रास्ते की दुकानों में आ बैठे। कुत्ते मुँह-से-मुँह सटा कर लेट गये, गायें भी साया खोजने लगीं; परन्तु गढ़वाल की नारी पुश्तैनी चिथड़ों में लिपटी, सदा की तरह काम में व्यस्त थी और बच्चे हाथ फैलाये माँग रहे थे– "ओ सेठ पैसा दो।" लड़कियाँ बिन्दी माँगती थीं; सुई-धागा माँगती थीं। पर क्यों? माँगना आदमी को दीन बनाता है। दीन बनना क्या अच्छा है!...

यह सोचते-सोचते हम धर्मशाला में पहुँचे। बस, अँधेरी कोठरी खोली। उसी में बारह प्राणियों को सोना था। अद्भुत स्थिति थी। वही कोठरी हो, यह बात भी नहीं; बरामदे में भी सहसा दिखायी नहीं पड़ता था। बाहर से अन्दर गये तो साथ पास की

दूसरी कोठरी में घुस गये, वहाँ ठहरी तीन मराठी बहनों के पीछे पड़ गये और बोले—"इस कोठरी में तो हम ठहरे हैं, तुम कहाँ से आ गयीं" वे बहनें उन्हें देखकर हँसीं। जब कुछ देर हो गयी, आँखों में प्रकाश हुआ तो गलती मालूम हुई। हम लज्जित हुए। वे तीनों बहनें यात्रा भर उस भ्रम की याद दिला कर हमारा मज़ाक उड़ाती रहीं।

और भी यात्री थे। कुछ एक छोटी-सी पुटलियों में कुछ समेटे खुले मैदान में ही सो जाते थे। कोई शिकवा-शिकायत नहीं; कोई माँग नहीं। कहीं रुके, चाय पी, सत्तू खाया और चल पड़े। काश कि के सफ़ाई का महत्त्व भी समझ सकते। सरकार ने हर चट्टी पर शौचालय का प्रबन्ध किया है, पर धर्मभीरु यात्री कहते हैं कि भला, यात्रा में किसी से मल-मूत्र उठवाया जाए?

इस प्रकार पड़ाव करते, आकाश-पातालगामी मार्ग पर चढ़ते-उतरते नाना प्रकार के द्रुम-दलों, लता-वृक्षों का निरीक्षण करते बीच-बीच में चाय की दुकानों पर कहकहे लगाते, बहस करते। लौट रहे यात्रियों से यमुना-मैया का जयघोष बुलवाते हम यमुनामाई चट्टी के डाक-बँगले में जा कर रुके। यहाँ से जमनोत्री केवल चार मील रह जाती है, लेकिन सुनते आ रहे थे कि उस मार्ग पर बड़े-बड़े साहसियों के फेफड़े जवाब दे जाते हैं।

हमारे दल के संचालक ने सलाह करके आदेश निकाला कि कल बहुत सवेरे चल देना, सो तीन बजे उठे। तारों की छाँव में रीछ से डरते-डरते सब काम निबटाये, चाय तैयार की, पी और साढ़े पाँच बजे तक यमुना-मैया की जन्मभूमि की ओर चल पड़े। तब प्रातःकाल की संजीवनी वायु का परस पाकर मन-प्राण में ऐसी अपूर्व शक्ति भर उठी कि सारा भय न जाने कहाँ तिरोहित हो गया। कटा-फटा हो कर भी शुरू में मार्ग एक मील तक सीधा है। उसके बाद ढाई मील की प्राणलेवा चढ़ाई है। हमारे मनों पर भी उसका आतंक छाया हुआ था, लेकिन बहुत शीघ्र ही वह उल्लास में परिवर्तित हो गया, प्रकृति नदी ने उस प्रदेश को मानो वन-कन्या की भाँति सँवारा हो। उस रूप को पीते हुए हम ठण्ड में बड़ी सरलता से उस भयंकर चढ़ाई को पार कर गये। लौटने वाले यात्रियों का ताँता लगा हुआ था। वे लोग इतने गद्गद स्वर में बोले, हे नाथ, हे प्रभु आपकी कृपा से आनन्द- ही-आनन्द है। एक पूर्वपरिचित बंगाली युवक ऐसे ललक कर भटे मानो एवरेस्ट विजय करके लौट रहे हैं। कुछ व्यक्ति त्रस्त भी थे। एक वृद्ध काँपते-काँपते पुकार रहे थे "जय-जय जमना मैया पार कर दे नैया"। एक नारी का बुरा हाल था। एक पैर आगे बढ़ाती और पुकार उठती—हे भगवान, कैसा भयानक मार्ग है। हमारे एक साथी कुछ पीछे रह गये थे। मिलने पर बोले आज तो बड़ी दुर्घटना को गई। सुनकर हम काँप उठे—"क्या हुआ" वे बोले पानी

की बोतल का कॉर्क गहरी घाटी में गिर पड़ा बेचारा। जितना काँपे उतना हँसे और आख़िर पहुँच गये जमनोत्री। देख कर सहसा मन खिला नहीं; न भव्य हिम शिखर न हरी-भरी उपत्यका, एकदम तंग घाटी मानो किसी तपस्विनी उपेक्षित नायिका का आवास हो। दोनों ओर से गगनचुम्बी पर्वतों ने नन्हीं यमुना को यमदूतों के समान घेर रखा था। शायद यह सब इसलिए था कि यमुना यम की बहन है। कहते हैं कि पुरातन काल में असित ऋषि ने इस प्रचण्ड शीत प्रदेश में यमुना के उद्‌गम को खोज निकाला था। किंवदन्ती चली आती है कि बन्दरपुच्छ के इस 20, 732 फीट ऊँचे हिमशिखर पर जहाँ वास्तव में यमुना मैया का जन्म होता है आज भी हनुमान जी पूजा करते हैं। हमने तुरन्त दूरबीन उठा कर देखा—दो क्षीण श्वेत रेखाएँ शिखर से उतर रही हैं। नीचे आते-आते वे एक हो गयीं और उनका नाम हुआ कालिन्दी तथा यमुना। कालिन्दी इसलिए कि बन्दर-पुच्छ के जिस भाग से वह निकली है उसे कालिन्दी गिरि कहते हैं। जमुना इसलिए कि वहाँ जामुन का वृक्ष बताया जाता है।

इस अगम्य तीर्थ की ऊँचाई केवल 90,900 फीट है, लेकिन शीत के कारण यहाँ अधिकाँश यात्री रुकते नहीं। स्थान भी नहीं है। चार मील ऊपर वास्तविक उद्‌गम तक तो स्वामी रामतीर्थ जैसे औलिया ही जा सके हैं। वास्तव में यहाँ का आकर्षण है तीन तप्त-कुण्ड। उनमें सहसा पैर देना कठिन है। धीरे- धीरे शरीर उस तापमान को सहता है। हम लोगों ने ख़ूब जी भर कर स्नान किया।

एक कुण्ड का तापमान 165 डिग्री के लगभग है। उसमें आलू-चावल तक उबल जाते हैं। इन्हीं चावलों को धर्मभीरु यात्री प्रसाद के रूप में घर ले जाते हैं और भी कुण्ड हैं, धाराएँ हैं। यात्रियों को आकर्षित करने के लिये पण्डों ने उनके नाम द्रोपदी, वसुन्धरा सहस्त्र धारा और गौतम धारा आदि रख लिये हैं, परन्तु गंगा की भाँति यमुना की क्या कथा है, यह कोई नहीं जानता। व्यवस्था और स्वच्छता का यहाँ नितान्त अभाव है। एक छोटा-सा आकर्षणहीन मन्दिर भी है जिसमें श्यामवर्ण यमुना और गौरपूर्ण गंगा की मूर्तियाँ हैं।

दोपहर बाद यहाँ कुहरा छा जाता है। हमें रुकना नहीं था, सो उसके आक्रमण से पूर्व ही हमने स्नान, पूजा, भोजन सबसे छुट्टी पा ली। लौटने से पूर्व एक बार फिर सुमेरु के हिमशिखर को देखा; देखा भाप से ढके तप्त कुण्डों को, देखा वेगवती गहन-गम्भीर यमुना के शैशव रूप को, जो बालोचित चपलता से पाषाण-खण्डों के संग आँख-मिचौली खेलती हुई निरन्तर आगे बढ़ रही थी।

यहाँ के निवासी बड़े सरल और विश्वसनीय हैं, परन्तु प्रथम भेंट में वे बड़े कटुभाषी जान पड़ते हैं। हमारे दल में जो महिलाएँ थीं उनमें दो बहनों को कण्डियों

की ज़रूरत पड़ी। अन्तिम चढ़ना उनके लिये सम्भव न था। सो कण्डीवालों को बुलाया गया। उनसे भाव पूछा तो बोले "साहब! पहले माल दिखाओ" हम शहरी यह शब्द सुन कर तिलमिला उठे। ख़ैर किसी तरह बातें आगे बढ़ीं। दोनों महिलाओं को देख कर वे बोले– "एक बाई तो जवान है; पर दूसरी तेज़ है।"

हम लोगों का बुरा हाल–क्रोध भी आये, हँसी भी फूटे। उनकी भाषा में जवान का अर्थ है "उचित बोझ" और तेज़ का अर्थ है "भारी" लेकिन नाटक का अन्त तो अभी शेष था। वे बोले "अच्छा साहब, चख कर लो देख लें। तब ठीक-ठीक भाव बताएँगे।"

यह सुनना था कि हमारे एक साथी क्रोध से तिलमिला उठे। बोले–"क्या बकते हो, चखना क्या होता है?"

उसने उसी शान्त भाव से कहा–"साहब! कहा न कि बाई तेज़ है। बिना चखे कैसे पता लगे कि कितना बोझ है। बस, वह मेरी कण्डी में बैठ जायेगी।"

अब समझ में आया कि चखने का अर्थ है, उठा कर देख लेना; फिर तो ख़ूब हँसे, यात्रा भर हँसते रहे। पंजाबी शब्द 'चुकना' से इस गढ़वाली शब्द "चखना" का निश्चय की कोई सम्बन्ध होगा।

अन्त में जिस मार्ग से गये थे, उसी से लौट पड़े।

प्रेमचन्द

प्रेमचन्द एक लब्धप्रतिष्ठ साहित्यकार, युगप्रवर्तक हिन्दी-उर्दू उपन्यासकार/कथालेखक थे। इनका जन्म 31 जुलाई, 1880 ई. में वाराणासी के निकट लमही नामक ग्राम में हुआ था। बचपन का नाम धनपतराय था। पिता का नाम अजायबराय और माता का नाम आनन्दी था। इनके चाचा इन्हे प्यार से 'नवाबराय' के नाम से पुकारते थे। सन् 1921 ई. में गाँधीजी की प्रेरणा से नौकरी से त्यागपत्र दे कर राष्ट्र की सेवा में समर्पित हो गये तथा स्वतन्त्र लेखन-कार्य पर ही निर्भर रहे। आरम्भ में आप 'नवाबराय' के नाम से उर्दू में लिखा करते थे। परन्तु सन 1909 में कहानी-संग्रह 'सोजे-वतन' को उसमें अभिव्यक्त प्रखर राष्ट्रीय भावना के कारण तत्कालीन ब्रिटिश सरकार ने ज़ब्त कर लिया। अपने मित्र दयानारायण निगम की सलाह पर आपने 'प्रेमचन्द' नाम धारण कर लिया। हिन्दी जगत में आपकी पहचान इसी नाम से रही है।

इन्होंने 'हंस' और 'जागरण' नामक दो पत्र भी अपने सम्पादकत्व में निकाले। इन्होंने लगभग तीन सौ कहानियाँ लिखी जो कि मानसरोवर 8 भागों में संगृहीत हैं। प्रतिज्ञा, वरदान, सेवासदन, प्रेमाश्रम, निर्मला, रंगभूमि, कायाकल्प, गबन, कर्मभूमि, गोदान तथा मंगल-सूत्र (अधूरा) इनके उपन्यास है। मुंशी प्रेमचन्द के निबन्ध एवं भाषणों का संग्रह, 'कुछ विचार' और 'साहित्य का उद्देश्य' नामक संकलनों में प्रकाशित हुए हैं। इन सबमें प्रेमचन्द की आत्मा बोलती है। 'जीवनसार' में स्वयं प्रेमचन्द ने अपने जीवन संघर्ष को अभिव्यक्ति दी है।

8 अक्तूबर, सन् 1936 को प्रेमचन्द का स्वर्गवास वाराणसी में हुआ।

जीवन-सार

प्रेमचन्द

1

मेरा जीवन सपाट समतल मैदान है, जिसमें कहीं-कहीं गड्ढे तो हैं, पर टीलों, पर्वतों, घने जंगलों, गहरी घाटियों और खण्डहरों का स्थान नहीं है। जो सज्जन पहाड़ों की सैर के शौकीन हैं उन्हें तो यहाँ निराशा ही होगी। मेरा जन्म संवत् 1880 में हुआ। पिता डाकख़ाने में क्लर्क थे, माता मरीज़। एक बड़ी बहन भी थी। उस समय पिता जी शायद 20 रुपये पाते थे। 40 रुपये तक पहुँचते-पहुँचते उनकी मृत्यु हो गयी। यों वह विचारशील, जीवन-पथ पर आँखें खोल कर चलने वाले आदमी थे; लेकिन आख़िरी दिनों में एक ठोकर खा ही गये और खुद तो गिरे ही थे, उसी धक्के में मुझे भी गिरा दिया। पन्द्रह साल की अवस्था में उन्होंने मेरा विवाह कर दिया और विवाह करने के साल ही भर बाद परलोक सिधारे। उस समय मैं नवें दरजे में पढ़ता था। घर में मेरी स्त्री थी, विमाता थी, उनके दो बालक थे, और आमदनी एक पैसे की नहीं। घर में जो कुछ लेई-पूँजी थी, वह पिता जी की छः महीने की बीमारी और क्रिया-कर्म में ख़र्च हो चुकी थी। और मुझे अरमान था वकील बनने का और एम॰ ए॰ पास करने का। नौकरी उस ज़माने में भी इतनी ही दुष्प्राप्य थी, जितनी अब है। दौड़-धूप करके शायद दस-बारह की कोई जगह पा जाता; पर यहाँ तो आगे पढ़ने की धुन थी—पाँव में लोहे की नहीं अष्टधातु की बेड़ियाँ थीं और मैं चढ़ना चाहता था पहाड़ पर!

पाँव में जूते न थे। देह पर साबित कपड़े न थे। महँगी अलग-10 सेर के जौ थे। स्कूल में साढ़े तीन बजे छुट्टी मिलती थी। काशी के क्वींस कॉलेज में पढ़ता था। हेडमास्टर ने फीस माफ़ कर दी थी। इम्तहान सिर पर था। और बाँस के फाटक पर एक लड़के को पढ़ाने जाता था। जाड़ों के दिन थे। चार बजे पहुँचता था। पढ़ा कर छः बजे छुट्टी पाता। वहाँ से मेरा घर देहात में पाँच मील पर था। तेज़ चलने पर भी

आठ बजे से पहले घर न पहुँच सकता। और प्रातःकाल आठ ही बजे फिर घर से चलना पड़ता था, कभी वक्त पर स्कूल न पहुँचता। रात को भोजन करके कुप्पी के सामने पढ़ने बैठता और न जाने कब सो जाता। फिर भी हिम्मत बाँधे हुए था।

मैट्रिकुलेशन तो किसी तरह पास हो गया, पर आया सेकण्ड डिवीज़न में और क्वींस कॉलेज में भरती होने की आशा न रही। फीस केवल अव्वल दरजे वाले की ही मुआफ़ हो सकती थी। संयोग से उसी साल हिन्दू कॉलेज खुल गया। मैंने इस नये कॉलेज में पढ़ने का निश्चय किया। प्रिंसिपल थे मि. रिचर्डसन। उनके मकान पर गया। वह पूरे हिन्दुस्तानी वेश में थे। कुरता और धोती पहने फर्श पर बैठे कुछ लिख रहे थे। मगर मिजाज़ को तबदील करना इतना आसान न था। मेरी प्रार्थना सुन कर–आधी ही कहने पाया था–बोले कि घर में कॉलेज की बातचीत नहीं करता, कॉलेज में आओ। ख़ैर, कॉलेज में गया। मुलाक़ात तो हुई; पर निराशाजनक। फीस मुआफ़ न हो सकती थी। अब क्या करूँ? अगर प्रतिष्ठित सिफ़ारिश ला सकता, तो शायद मेरी प्रार्थना पर कुछ विचार होगा; लेकिन देहाती युवक को शहर में जानता ही कौन?

रोज़ घर से चलता कि कहीं से सिफ़ारिश लाऊँ पर बारह मील की मंज़िल मार कर शाम को घर लौट आता। किससे कहूँ? कोई अपना पुछत्तर न था।

कई दिनों के बाद एक सिफ़ारिश मिली। एक ठाकुर इन्द्रनारायण सिंह हिन्दू कॉलेज की प्रबन्ध कारिणी सभा में थे। उनसे जा कर रोया। उन्हें मुझ पर दया आ गयी। सिफ़रिशी चिट्ठी दे दी। उस समय मेरे आनन्द की सीमा न रही। ख़ुश होता हुआ घर आया। दूसरे दिन प्रिंसिपल से मिलने का इरादा था; लेकिन घर पहुँचते ही मुझे ज्वर आ गया। और दो सप्ताह से पहले न हिला। नीम का काढ़ा पीते-पीते नाक में दम आ गया। एक दिन द्वार पर बैठा था कि मेरे पुरोहित जी आ गये। मेरी दशा देख कर समाचार पूछा और तुरन्त खेतों में जा कर एक जड़ खोद लाये और उसे धो कर सात दाने काली मिर्च के साथ पिसवा कर मुझे पिला दिया। उसने जादू का असर किया। ज्वर चढ़ने में घण्टे ही भर की देर थी। इस औषध ने, मानो जा कर उसका गला ही दबा दिया। मैंने पण्डित जी से बार-बार उस जड़ी का नाम पूछा; पर उन्होंने न बताया। कहा, नाम बता देने से उसका असर जाता रहेगा।

एक महीने बाद मैं फिर मि. रिचर्डसन से मिला और सिफ़रिशी चिट्ठी दिखायी। प्रिंसिपल ने मेरी तरफ़ तीव्र नेत्रों से देख कर पूछा, इतने दिनों कहाँ थे?

'बीमार हो गया था!'

'क्या बीमारी थी?'

मैं इस प्रश्न के लिये तैयार न था। अगर ज्वर बताता हूँ तो शायद साहब मुझे झूठा समझें। ज्वर मेरी समझ में हलकी-सी चीज़ थी, जिसके लिये इतनी लम्बी गैरहाज़िरी अनावश्यक थी। कोई ऐसी बीमारी बताना चाहिए, जो अपनी कष्टसाध्यता के कारण दया को भी उभारे। उस वक्त मुझे और किसी बीमारी का नाम याद न आया। ठाकुर इन्द्रनारायण सिंह से जब मैं सिफ़रिश के लिये मिला था, तो उन्होंने अपने दिल की धड़कन की बीमारी की चर्चा की थी। वह शब्द मुझे याद आ गया।

मैंने कहा, पैलपिटेशन आफ हार्ट सर!

साहब ने विस्मित हो कर मेरी ओर देखा और कहा—अब तुम बिलकुल अच्छे हो?

'जी हाँ।'

'अच्छा, प्रवेशपत्र भर कर लाओ।'

मैंने समझा बेड़ा पार हुआ। फार्म लिया, ख़ानापुरी की और पेश कर दिया। साहब उस समय कोई क्लास ले रहे थे। तीन बजे मुझे फार्म वापस मिला। उस पर लिखा था—इसकी योग्यता की जाँच की जाये।

यह नयी समस्या उपस्थित हुई। मेरा दिल बैठ गया। अँग्रेज़ी के सिवा और किसी विषय में पास होने की मुझे आशा न थी और बीजगणित और रेखागणित से तो रूह काँपती थी। जो कुछ याद था, वह भी भूल-भाल गया था; लेकिन दूसरा उपाय ही क्या था? भाग्य का भरोसा करके क्लास में गया और अपना फार्म दिखाया। प्रोफेसर साहब बंगाली थे, अँग्रेज़ी पढ़ा रहे थे। वाशिंगटन इर्विंग का 'रिप वान विंकिल' था। मैं पीछे की कतार में जा कर बैठ गया और दो-ही-चार मिनट में मुझे ज्ञात हो गया कि प्रोफेसर साहब अपने विषय के ज्ञाता हैं। घण्टा समाप्त होने पर उन्होंने आज के पाठ पर मुझे कई प्रश्न किये और फार्म पर 'सन्तोषजनक' लिख दिया।

दूसरा घण्टा बीजगणित का था। इसके प्रोफ़ेसर भी बंगाली थे। मैंने अपना फार्म दिखाया। नयी संस्थाओं में प्रायः वही छात्र आते हैं जिन्हें कहीं जगह नहीं मिलती। यहाँ भी यही हाल था। क्लासों में अयोग्य छात्र भरे हुए थे। पहले रेले में जो आया, वह भरती हो गया। भूख में साग-पात सभी रुचिकर होता है। अब पेट भर गया था। छात्र चुन-चुन कर लिये जाते थे। इन प्रोफ़ेसर साहब ने गणित में मेरी परीक्षा ली और मैं फ़ेल हो गया। फार्म पर गणित के ख़ाने में 'असंतोषजनक' लिख दिया।

मैं इतना हताश हुआ कि फार्म ले कर फिर प्रिंसिपल के पास नहीं गया। सीधा

घर चला आया। गणित मेरे लिये गौरीशंकर की चोटी था। कभी उस पर न चढ़ सका। इण्टरमीडियेट में दो बार गणित में फ़ेल हुआ और निराश हो कर इम्तहान देना छोड़ा दिया। दस-बारह साल के बाद जब गणित की परीक्षा में अख़्तियारी हो गयी तब मैंने दूसरे विषय लेकर उसे आसानी से पास कर लिया। उस समय तक युनिवर्सिटी के इस नियम ने, कितने युवकों की आकांक्षाओं का ख़ून किया, कौन कह सकता है, ख़ैर मैं निराश हो कर घर तो लौट आया लेकिन पढ़ने की लालसा अभी तक बनी हुई थी। घर बैठ कर क्या करता? किसी तरह गणित को सुधारूँ और कालेज में भरती हो जाऊँ,

यही धुन थी। इसके लिये शहर में रहना ज़रूरी था। संयोग से एक वकील साहब के लड़कों को पढ़ाने का काम मिल गया। पाँच रुपये वेतन ठहरा। मैंने दो रुपये में अपना गुज़र करके तीन रुपये घर पर देने का निश्चय किया। वकील साहब के अस्तबल के ऊपर एक छोटी-सी कच्ची कोठरी थी। उसी में रहने की आज्ञा ले ली! एक टाट का टुकड़ा बिछा दिया। बाज़ार से एक छोटा-सा लैम्प लाया और शहर में रहने लगा। घर से कुछ बर्तन भी लाया। एक वक़्त खिचड़ी पका लेता और बर्तन धो-माँज कर लाइब्रेरी चला जाता। गणित तो बहाना था, उपन्यास आदि पढ़ा करता। पण्डित रतननाथ दर का 'फ़साना-ए-आज़ाद' उन्हीं दिनों पढ़ा। 'चन्द्रकान्ता-सन्तति' भी पढ़ी। बंकिम बाबू के उर्दू अनुवाद, जितने पुस्तकालय में मिले, सब पढ़ डाले। जिन वकील साहब के लड़के को पढ़ाता था, उनके साले मेरे साथ मैट्रिकुलेशन में पढ़ते थे। उन्हीं की सिफ़ारिश से मुझे यह पद मिला था। उनसे दोस्ती थी, इसलिए जब ज़रूरत होती, पैसे उधार ले लिया करता था। वेतन मिलने पर हिसाब हो जाता था। कभी दो रुपये हाथ आते, कभी तीन। जिस दिन वेतन के दो-तीन रुपये मिलते, मेरा संयम हाथ से निकल जाता। प्यासी तृष्णा हलवायी की दूकान की ओर खींच ले जाती। दो-तीन आने पैसे खा कर ही उठता। उसी दिन घर जाता और दो-ढाई रुपये दे आता। दूसरे दिन से फिर उधार लेना शुरू कर देता, लेकिन कभी-कभी उधार माँगने में भी संकोच होता और दिन-का-दिन निराहार व्रत रखना पड़ जाता!

इस तरह चार-पाँच महीने बीते। इस बीच एक बजाज से दो-ढाई रुपये के कपड़े लिये थे। रोज़ उधर से निकलता था। उसे मुझ पर विश्वास हो गया था। जब महीने-दो-महीने निकल गये और मैं रुपये न चुका सका, तो मैंने उधर से निकलना ही छोड़ दिया! चक्कर दे कर निकल जाता। तीन साल के बाद उसके रुपये अदा कर सका। उसी ज़माने में शहर का एक बेलदार मुझसे कुछ हिन्दी पढ़ने आया करता

था। वकील साहब के पिछवाड़े उसका मकान था। 'जान लो भैया' उसका सखुनतकिया था। हम लोग उसे 'जान लो भैया' ही कहा करते थे। एक बार मैंने उससे भी आठ आने पैसे उधार लिये थे। वह पैसे उसने मुझसे मेरे घर गाँव में जा कर पाँच साल बाद वसूल किये। मेरी अब भी पढ़ने की इच्छा थी; लेकिन दिन-दिन निराश होता जाता था। जी चाहता था, कहीं नौकरी कर लूँ। पर नौकरी कैसे मिलती है और कहाँ मिलती है, यह न जानता था।

जाड़ों के दिन थे। पास एक कौड़ी न थी। दो दिन एक-एक पैसे का चबेना खा कर काटे थे। मेरे महाजन ने उधार देने से इनकार कर दिया था या संकोचवश मैं उससे माँग न सका था। चिराग जल चुके थे। मैं एक बुकसेलर की दूकान पर एक किताब बेचने गया था। चक्रवर्ती गणित की कुंजी थी। दो साल हुए ख़रीदी थी। अब तक उसे बड़े जतन से रखे हुए था; पर आज चारों ओर से निराश हो कर मैंने उसे बेचने का निश्चय किया। किताब दो रुपये की थी; लेकिन एक पर सौदा ठीक हुआ। मैं रुपया ले कर दुकान से उतरा ही था कि एक बड़ी-बड़ी मूँछों वाले सौम्य पुरुष ने, जो उस दूकान, पर बैठे थे, मुझसे पूछा—तुम कहाँ पढ़ते हो?

मैंने कहा—पढ़ता तो कहीं नहीं हूँ; पर आशा करता हूँ कि कहीं नाम लिखा लूँगा।

'मैट्रिकुलेशन पास हो?'

'जी हाँ।'

'नौकरी करने की इच्छा तो नहीं है?'

'नौकरी कहीं मिलती ही नहीं।'

वह सज्जऩ एक छोटे-से स्कूल के हेडमास्टर थे। उन्हें एक सहकार अध्यापक की ज़रूरत थी। अठारह रुपये वेतन था। मैंने स्वीकार कर लिया। अठारह रुपये उस समय मेरी निराशा-व्यथित कल्पना की ऊँची-से-ऊँची उड़ान से भी ऊपर थे। मैं दूसरे दिन, हेडमास्टर साहब से मिलने का वादा करके चला, तो पाँव ज़मीन पर न पड़ते थे। यह सन 1899 की बात है। परिस्थितियों का सामना करने को तैयार और गणित में अटक न जाता, तो अवश्य आगे जाता, पर सबसे कठिन परिस्थिति यूनिवर्सिटी की मनोविज्ञान शून्यता थी, जो उस समय और उसके कई साल बाद तक डाकू का-सा व्यवहार करती थी, जो छोटे-बड़े सभी को एक ही खाट पर सुलाता है।

2

मैंने पहले-पहल 1907 में गल्पें लिखनी शुरू कीं। डाक्टर रवीन्द्रनाथ की कई गल्पें मैंने अंग्रेज़ी में पढ़ी थी और उनका उर्दू अनुवाद पत्रिकाओं में छपवाया था।

उपन्यास तो मैंने 1901 ही से लिखना शुरू किया। मेरा एक उपन्यास 1902 में निकला और दूसरा 1904 में; लेकिन गल्प 1907 से पहिले मैंने एक भी न लिखी। मेरी पहली कहानी का नाम था, 'संसार का सबसे अनमोल रत्न'। वह 1907 में 'ज़माना' में छपी। उसके बाद मैंने चार-पाँच कहानियाँ और लिखीं। पाँच कहानियों का संग्रह 'सोजे वतन' के नाम से 1909 में छपा था। उस समय बंग-भंग का आन्दोलन हो रहा था। काँग्रेस में गर्म दल की सृष्टि हो चुकी थी। इन पाँचों कहानियों में स्वदेश-प्रेम की महिमा गायी गयी थी।

उस वक्त मैं शिक्षा-विभाग में सब डिप्टी इन्स्पेक्टर था और हमीरपुर जिले में तैनात था। पुस्तक को छपे छः महीने हो चुके थे। एक दिन मैं रात को अपनी रावटी मैं बैठा हुआ था कि मेरे नाम ज़िलाधीश का परवाना पहुँचा कि मुझसे तुरन्त मिलो। जाड़ों के दिन थे। साहब दौरे पर थे। मैंने बैलगाड़ी जुतवायी और रातों-रात 30-40 मील तय करके दूसरे दिन साहब से मिला। साहब के सामने 'सोजे वतन' की एक प्रति रखी हुई थी। मेरा माथा ठनका। उस वक्त मैं 'नवाबराय' के नाम से लिखा करता था। मुझे इसका कुछ-कुछ पता मिल चुका था कि खुफ़िया पुलिस इस किताब के लेखक की खोज में है। समझ गया, उन लोगों ने मुझे खोज निकाला और इसी की जवाबदेही करने के लिये मुझे बुलाया गया है।

साहब ने मुझसे पूछा—यह पुस्तक तुमने लिखी है?

मैंने स्वीकार किया।

साहब ने मुझसे एक-एक कहानी का आशय पूछा और अन्त में बिगड़ कर बोले—तुम्हारी कहानियों में 'सिडीशन' भरा हुआ है। अपने भाग्य को बखानो कि अँग्रेज़ी अमलदारी में हो। मुगलों का राज्य होता, तो तुम्हारे दोनों हाथ काट लिये जाते। तुम्हारी कहानियाँ एकांगी हैं, तुमने अँग्रेज़ी सरकार की तौहीन की है, आदि। फैसला यह हुआ कि मैं 'सोजे वतन' की सारी प्रतियाँ सरकार के हवाले कर दूँ और साहब की अनुमति के बिना कभी कुछ न लिखूँ। मैंने समझा, चलो सस्ता छूटे। एक हज़ार प्रतियाँ छपी थीं। अभी मुश्किल से 300 बिकी थीं। शेष 700 प्रतियाँ मैंने 'ज़माना कार्यालय' से मँगवा कर साहब की सेवा में अर्पण कर दी।

मैंने समझा था, बला टल गयी; किन्तु अधिकारियों को इतनी आसानी से सन्तोष न हो सका। मुझे बाद में मालूम हुआ कि साहब ने इस विषय में ज़िले के अन्य कर्मचारियों से परामर्श किया। सुपरिण्टेण्डेन्ट पुलिस, दो डिप्टी कलेक्टर और डिप्टी इन्सपेक्टर—जिनका मैं मातहत था मेरी तकदीर का फैसला करने बैठे। एक

डिप्टी कलेक्टर साहब ने गल्पों से उद्धरण निकाल कर सिद्ध किया कि इनमें आदि से अन्त तक सिडिशन के सिवा और कुछ नहीं है। और सिडिशन भी साधारण नहीं, बल्कि संक्रामक। पुलिस के देवता ने कहा—ऐसे ख़तरनाक आदमी को ज़रूर सख़्त सज़ा देनी चाहिए। डिप्टी-इंस्पेक्टर साहब मुझसे बहुत स्नेह करते थे। इस भय से कि कहीं मुआमला तूल न पकड़ा ले, उन्होंने यह प्रस्ताव किया कि वह मित्रभाव से मेरे राजनीतिक विचारों की थाह लें और उस कमेटी में रिपोर्ट पेश करें। उनका विचार था कि मुझे समझा दें और रिपोर्ट में लिख दें, कि लेखक केवल क़लम का उग्र है और राजनैतिक आन्दोलन से उसका कोई सम्बन्ध नहीं है। कमेटी ने उनके प्रस्ताव को स्वीकार किया। हालाँकि पुलिस के देवता उस वक्त भी पैंतरे बदलते रहे।

सहसा कलेक्टर साहब ने डिप्टी इन्सपेक्टर से पूछा—आपको आशा है, कि वह आपसे अपने दिल की बातें कह देगा?

'आप मित्र बन कर उसका भेद लेना चाहते हैं। यह तो मुख़बिरी है। मैं इसे कमीना पन समझता हूँ।'

डिप्टी साहब अप्रतिभ हो कर हकलाते हुए बोले— मैं तो हूज़ूर के हुक्म...साहब ने बात काटी, नहीं यह मेरा हुक्म नहीं है। मैं ऐसा हुक्म नहीं देना चाहता। अगर पुस्तक में लेखक का सिडीशन साबित हो सके, तो खुली अदालत में मुकदमा चलाइये नहीं धमकी दे कर छोड़ दीजिये। 'मुँह में राम बग़ल में छुरी' मुझे पसन्द नहीं।

जब यह वृत्तान्त डिप्टी इंस्पेक्टर साहब ने कई दिन पीछे खुद मुझसे कहा, तो मैंने पूछा—क्या आप सचमुच मेरी मुख़बिरी करते?

वह हँस कर बोले—असम्भव! कोई लाख रुपये भी देता, तो न करता। मैं तो केवल अदालती कार्यवाही रोकना चाहता था, और वह रुक गयी। मुक़दमा अदालत में आता, तो सज़ा हो जाना यक़ीनी था। यहाँ आपकी पैरवी करने वाला भी कोई न मिलता; मगर साहब हैं शरीफ़ आदमी।

मैंने स्वीकार किया—बहुत ही शरीफ़।

मैं हमीरपुर ही में था कि मुझे पेचिश की शिकायत पैदा हो गयी। गर्मी के दिनों में देहातों में कोई हरी तरकारी मिलती न थी। एक बार कई दिन तक लगातार सूखी घुँइयाँ खानी पड़ीं। यों मैं धुंइयों को बिच्छू समझता हूँ, और तब भी समझता था; लेकिन न-जाने क्यों-कर यह धारणा मन में हो गयी कि अजवाइन से घुँइयाँ का बादीपन जाता रहता है। ख़ूब अजवाइन खा लिया करता। दस-बारह दिन तक किसी

तरह का कष्ट न हुआ। मैंने समझा, शायद बुन्देलखण्ड की पहाड़ी जलवायु ने मेरी दुर्बल पाचनशक्ति को तीव्र कर दिया; लेकिन एक दिन पेट में दर्द हुआ और सारे दिन मैं मछली की भाँति तड़पता रहा। फँकियाँ लगायीं; मगर दर्द न कम हुआ। दूसरे दिन से पेचिश हो गई; मल के साथ आँव आने लगा; लेकिन दर्द जाता रहा।

एक महीना बीत चुका था। मैं एक क़स्बे में पहुँचा, तो वहाँ के थानेदार साहब ने मुझसे थाने ही में ठहरने और भोजन करने का आग्रह किया। कई दिन से मूँग की दाल खाते और पथ्य करते-करते ऊब उठा था। सोचा क्या हर्ज है, आज यहीं ठहरो। भोजन तो स्वादिष्ट मिलेगा! थाने ही में अड्डा जमा दिया। दारोगा जी ने जमींकन्द का सालन पकवाया, पकौड़ियाँ, दही-बड़े, पुलाव। मैंने एहतियात से खाया—जमींकन्द तो मैंने केवल दो फाँकें खायी, लेकिन खा-पी कर जब थाने के सामने दारोगा जी के फूस के बँगले में लेटा तो दो-ढाई घण्टे के बाद पेट में फिर दर्द होने लगा। सारी रात और अगले दिनभर कराहता रहा। सोडे की दो बोतलें पीने के बाद कै हुई तो जा कर चैन मिला। मुझे विश्वास हो गया। जब जमींकन्द की कारस्तानी है। घुँइयाँ से पहले मेरी कुट्टी हो चुकी थी। अब जमींकन्द से भी वैर हो गया। तबसे इन दोनों चीज़ों की सूरत देख कर मैं काँप जाता हूँ। दर्द तो फिर जाता रहा; पर पेचिश ने अड्डा जमा लिया। पेट में चौबीसों घण्टे तनाव बना रहता। अफ़रा हुआ करता। संयम के साथ चार-पाँच मील टहलने जाता, व्यायाम करता, पथ्य से भोजन करता। कोई-न-कोई औषधि भी खाया करता; किन्तु आ कर दवा करायी, एक बार महीने-भर प्रयाग में डाक्टरों और आयुर्वेदिक औषधियों का सेवन किया; पर कोई फ़ायदा नहीं।

तब मैंने तबादला कराया। चाहता था रोहेलखंड; पर पटका गया बस्ती के ज़िले में और हलका वह मिला जो नेपाल की तरायी है। सौभाग्य से वहीं मेरा परिचय स्व. पं. मन्नन द्विवेदी गजपुरी से हुआ जो डोमरियागंज में तहसीलदार थे। कभी-कभी उनके साथ साहित्यचर्चा हो जाती थी; लेकिन यहाँ आ कर पेचिश और बढ़ गयी। तब मैंने छः महीने की छुट्टी ली; और लखनऊ के मेडिकल कॉलेज से निराश हो कर काशी के एक हकीम से इलाज कराने लगा। तीन-चार महीने बाद कुछ थोड़ा-सा फ़ायदा तो मालूम हुआ, पर बीमारी जड़ से न गयी। जब फिर बस्ती पहुँचा तो वही हालत हो गयी। तब मैंने दौरे की नौकरी छोड़ दी और बस्ती हाई स्कूल में स्कूल मास्टर हो गया। फिर यहाँ से तबदील हो कर गोरखपुर पहुँचा। पेचिश पूर्ववत जारी रही। यहाँ मेरा परिचय महावीर प्रसाद जी पोद्दार से हुआ जो साहित्य के मर्मज्ञ, राष्ट्र के सच्चे सेवक और बड़े ही उद्योगी पुरुष हैं। मैंने बस्ती से ही 'सरस्वती' में कई

गल्पें छपवायी थीं। पोद्दार जी की प्रेरणा से मैंने फिर उपन्यास लिखा और 'सेवा सदन' की सृष्टि हुई। वहीं मैंने प्राइवेट बी.ए. भी पास किया। 'सेवा सदन' का जो आदर हुआ, उससे उत्साहित हो कर मैंने 'प्रेमाश्रम' लिख डाला और गल्पें भी बराबर लिखता रहा।

कुछ मित्रों को विशेषकर पोद्दार जी की सलाह से मैंने जल-चिकित्सा आरम्भ की; लेकिन तीन-चार महीने के स्नान और पथ्य का मेरे दुर्भाग्य से यह परिणाम हुआ कि मेरा पेट बढ़ गया और मुझे रास्ता चलने में भी दुर्बलता मालूम होने लगी। एक बार कई मित्रों के साथ मुझे एक ज़ीने पर चढ़ने का अवसर पड़ा। और लोग धड़धड़ाते हुए चले गये, पर मेरे पाँव ही न उठते थे। बड़ी मुश्किल से हाथों का सहारा लेते हुए ऊपर पहुँचा। उसी दिन मुझे अपनी कमज़ोरी का यथार्थ ज्ञान हुआ। समझ गया, अब थोड़े दिनों का मेहमान हूँ, जल-चिकित्सा बन्द कर दी।

एक दिन संध्या समय उर्दू बाज़ार में श्री दशरथ प्रसाद जी द्विवेदी, सम्पादक 'स्वदेश' से मेरी भेंट हो गयी। कभी-कभी उनसे भी साहित्य-चर्चा होती रहती थी। उन्होंने मेरी पीली सूरत देख कर खेद के साथ कहा—बाबू जी, आप तो बिलकुल पीले पड़ गये हैं, कोई इलाज कराइये।

मुझे अपनी बीमारी का ज़िक्र बुरा लगता था। मैं भूल जाना चाहता था कि मैं बीमार हूँ। जब दो-चार महीने ही का ज़िन्दगी से नाता है, तो क्यों न हँस कर मरूँ? मैंने चिढ़ कर कहा—मर ही तो जाऊँगा भई, या और कुछ! मैं मौत का स्वागत करने को तैयार हूँ। द्विवेदी जी बेचारे लज्जित हो गये। मुझे पीछे से अपनी उग्रता पर बड़ा खेद हुआ। यह 1921 की बात है। असहयोग आन्दोलन ज़ोरों पर था। जलियाँवाला बाग का हत्याकाण्ड हो चुका था। उन्हीं दिनों महात्मा गाँधी ने गोरखपुर का दौरा किया। ग़ाज़ीमियाँ के मैदान में ऊँचा प्लेटफार्म तैयार किया गया। दो लाख से कम जमाव न था। क्या शहर, क्या देहात, श्रद्धालु जनता दौड़ी चली आती थी। ऐसा समारोह मैंने अपने जीवन में कभी न देखा था। महात्मा जी के दर्शनों का यह प्रताप था, कि मुझ-जैसा मरा हुआ आदमी भी चेत उठा। उसके दो ही चार दिन बाद मैंने अपनी 10 साल की नौकरी से इस्तीफ़ा दे दिया।

अब देहात में चल कर कुछ प्रचार करने की इच्छा हुई। पोद्दार जी का देहात में एक मकान था। हम और वह दोनों वहाँ चले गये और चर्खे बनवाने लगे। वहाँ जाने के एक ही सप्ताह बाद मेरी पेचिश कम होने लगी। यहाँ तक कि एक महीने के अन्दर मल के साथ आँव का आना बन्द हो गया। फिर मैं काशी चला आया और अपने देहात में बैठ कर कुछ प्रचार और कुछ साहित्य सेवा में जीवन को सार्थक करने

लगा। गुलामी से मुक्त होते ही मैं नौ साल के जीर्ण रोग से मुक्त हो गया।

इस अनुभव ने मुझे कट्टर भाग्यवादी बना दिया है। अब मेरा दृढ़ विश्वास है कि भगवान की जो इच्छा होती है वही होता है, और मनुष्य का उद्योग भी इच्छा के बिना सफल नहीं होता।

देवेन्द्र सत्यार्थी

देवन्द्र सत्यार्थी का जन्म 28 मई, सन् 1908 ई. को पंजाब के एक ग्राम भदोड़, जिला संगरूर में हुआ। हिन्दी साहित्य में सत्यार्थी जी का गद्य विधाओं में उल्लेखनीय स्थान है। गद्य विधाओं के अतिरिक्त आपने लोकगीत, लोकसंस्कृति, लोककथा आदि पर भी काफी लिखा है। रेखाचित्र गद्य की एक विधा है। इनके समय तक इस विधा में काफ़ी साहित्य उपलब्ध हो गया था; परन्तु रेखाचित्रों में भावात्मक शैली के जन्मदाता आप ही कहे जाते हैं। रेखाचित्रों का प्रथम संग्रह 1949 में 'रेखाएँ बोल उठीं' शीर्षक से प्रकाशित हुआ। 'एक युग एक प्रतीक' 1948 में प्रकाशित रचना है। इनके लिखे महादेवी पर 'कल्पना' में तथा अश्क पर 'आजकल' (1951) में रेखाचित्र प्रकाशित हुए। 'क्या गोरी क्या साँवली' सत्यार्थी जी की निबन्ध पुस्तक है। इसमें आत्मपरक निबन्ध हैं। इनकी शैली कुछ-कुछ रेखाचित्र शैली से भी मेल खाती है। एक अन्य पुस्तक 'कला के हस्ताक्षर' शीर्षक से प्रकाशित हुई, जिसमें लेखक ने सुप्रसिद्ध साहित्यकार और विभिन्न कलाकारों के इण्टरव्यू लिये हैं।

हिन्दी साहित्य की नवीन विधाओं, रेखा-चित्र, इण्टरव्यू रिपोर्ताज, संस्मरण, आत्मकथा, यात्रा वृतांत आदि पर अपने पर्याप्त मात्रा में लिखा। इन्होंने सारे भारत की यात्रा की और विभिन्न प्रदेशों के लोक गीतों को एकत्रित कर संकलित किया।95 वर्ष की आयु में 12 फरवरी, 2003 को दिल्ली में देवेन्द्र सत्यार्थी का निधन हो गया।

लावारिस

देवेन्द्र सत्यार्थी

कूच बिहार के प्लेटफार्म पर गाड़ी एक चीख़ के साथ रुक गयी और परितोष खिड़की के रास्ते झट एक डिब्बे में घुस गया। नीचे से सान्याल और बोस सब सामान उसे थमाते चले गये और बार-बार उसे ताकीद करते रहे कि वह एक पूरी सीट पर कब्ज़ा जमा ले।

सान्याल हँस-हँस कर कर रहा था—"परितोष हमारा भाई है। वह नाराज़ नहीं हो सकता।" बोस यों ही मुस्करा रहा था और परितोष एक कोने में सिमट कर बैठ गया।

पर डिब्बे में धकापेल हो रही थी। दरवाज़ा बन्द कर लिया गया था। वही लोग जो कुछ देर पहले प्लेटफार्म पर खड़े अन्दर वालों की मिन्नत कर रहे थे, अब बाहर वालों को अन्दर आने की इजाजत देने को तैयार न थे।

सामने की सीट पर पुराने चिथड़ों मे लिपटी-लिपटी एक ज़िन्दा लाश नज़र आ रही थी जिसके चेहरे पर ऐसी मुर्दनी टपकती थी कि हर देखने वाले को ख़ामख़ाह घिन आने लगती और वह सोचता रह जाता कि सचमुच इस हड्डियों के ढाँचे में ज़िन्दगी है भी या नहीं। इस ज़िन्दा लाश के पाँव की तरफ़ एक पीले चेहरे वाला इन्सान उकड़ू बैठा न जाने किस सोच में खोया हुआ था।

उधर एक कोने में सफ़ेद धोती और कमीज़ पहने हुए एक भारी-भरकम आदमी बड़ी बेतकल्लुफी से सिगरेट के हलके-हलके कश लगा रहा था। उसके चेहरे से यह मालूम होता था कि वह कोई पेन्शन-याफ़्ता है। वह अपने सिगरेट-केस को कभी-कभी यों हाथों में उछालने लग जाता था जैसे वह बीड़ियों और सस्ते सिगरेटों के धुएँ में लिपटे हुए वातावरण से चिढ़ कर अब महँगे तम्बाकू की प्रशंसा में एक प्रभावशाली भाषण देना चाहता हो। फिर उसके चेहरे पर एक कटुता-सी उभरी

जिसका सम्बन्ध उस अकाल से था जो बंगाल का गला घोंट रहा था। वह यह कहना चाहता था कि इस अकाल ने अमीरों को भी कुछ कम तंग नहीं किया। मैं हमेशा 555 के सिगरेट पसन्द करता था और अब कैवेण्डर से ही काम चला रहा हूँ।

डिब्बे में एक तरफ़ फ़ौजी जमे बैठे थे। वे अपने कहकहों से इस वातावरण में कुछ अजीब-सी निरर्थक रंगीनी पैदा करने का यत्न कर रहे थे। परितोष ने सोचा कि पास के सिपाही से आसाम के मोर्चे के हालात पूछे, पर दूसरे ही क्षण वह कुछ सोच कर चुप बैठा रहा।

सान्याल और बोस ने भी अपना-अपना सिगरेट सुलगा लिया। पर जब बार-बार उनकी निगाहें उस ज़िन्दा लाश की ओर उठतीं तो उन्हें ऐसा अनुभव होने लगता कि सिगरेट में तम्बाकू की जगह गोबर भरा पड़ा है। सान्याल ने बोस की ओर देखते हुए एक खोखला-सा कहकहा लगाया, जैसे कह रहा हो—आओ, सिगरेट बाहर फेंक दें और इस सिख सिपाही को यही समझने का अवसर दें कि हमें उसकी धार्मिक भावनाओं का सम्मान स्वीकार है। पर बोस निर्जीव मूर्ति के समान बैठा रहा। योंही वे सिगरेट का धुआँ छोड़ते रहे। ऐस वातावरण में सिगरेट के बिना तो चारा न था।

फिर परितोष की ओर देखते हुए बोस के चेहरे पर शरारत-भरी मुस्कान थिरक उठी। सान्याल बोला—"परितोष कों कवि किस कमबख़्त ने बनाया था? मेरी तो समझ में नहीं आता कि वह सिगरेट पिये बिना कैसे गीत लिख लेता है।"

बाईं ओर से एक आवाज़ आने पर कि हम तबाह हो गये हैं, बोस ने ज़ोर का कश लगाते हुए कहा—"परितोष, उधर भी तुम्हारा एक भाई बैठा है। अजब बकवास है। आख़िर तुम लोगों से कोई पूछे कि बताओ कि तुम क्यों तबाह हो गये। उधर तो तुम ध्यान ही न दोगे। योंही ख़ामख़ाह चिल्लाते रहोगे।"

परितोष इसके जवाब में ऊँची आवाज़ से अख़बार पढ़ने लगा—"कलकत्ते में एक सप्ताह में एक हज़ार से ऊपर मौतें हुईं।"

सान्याल ने बीच में टोकते हुए कहा— "मर गये सो मर गये। तुम क्यों उनका रोना रोते हो?"

बोस ने परितोष के हाथ से अख़बार छीनते हुए कहा—"बंगाल में लाशें-ही- लाशें नज़र आ रही हैं।"

बीमार ने अपने पीले चेहरे वाले साथी की ओर अपना मरियल-सा हाथ उठाया। पर यह उसके अपने सीने पर गिर गया। शायद वह कहना चाहता था— मुझे मक्खियाँ दिक रही हैं और तुम उन्हें उड़ा भी नहीं सकते। सब लोगों की निग़ाहें

उसकी ओर उठ गईं। सब हैरान थे कि अभी तक यह लाश किस तरह ज़िन्दा रहने का यत्न किये जा रही है। उसके चेहरे पर मैल की पपड़ी जमी हुई थी। उसके बाल किसी ज़माने में अपने घुँघरों पर गर्व करते होंगे। पर अब तो उनसे बड़ी भयानक-सी बू आ रही थी। शायद यह बीमार अपने गाँव में पहुँच कर मरना चाहता था। पर वह अब भी कहाँ ज़िन्दा था। लाश ही तो था। उसने फिर हाथ-पैर हिलाये, जैसे वह अभागा आदमी यह कहना चाहता हो—मुझे लाशों में क्यों गिनते हो? मैं जिन्दा हूँ। मैं जिन्दा रहूँगा।

सान्याल कह रहा था—"परितोष के गीत एक दिन सारे देश में गूँज उठेंगे।" बोस बोला—"मुझे परितोष का वह गीत बेहद पसन्द है—फिर जागेगा बंगाल।"

सब यही सोच रहे थे कि न जाने गाड़ी कब छूटेगी। सबके गले ख़ुश्क़ हो रहे थे और अब थूक निगलने को भी किसी का जी नहीं चाहता था। डिब्बे का घुटा-घुटा-सा वातावरण और उस पर इस जिन्दा लाश की सड़ाँध ने बुरी तरह नाक में दम कर रखा था और हर कोई यही अनुभव कर रहा था कि अभी थोड़ी देर में उसे मतली होने लगेगी।

परितोष ने सोचा सब ख़ुशबुएँ बदबुएँ बनती जा रही हैं और ज़िन्दगी को कै पर कै आ रही है। निःस्सन्देह मेरे गीत इस दुःख-दर्द का इलाज नहीं कर सकते। कोई और समय होता तो वह सन्तरेवाले को आवाज देता। बंगाल मर रहा हो और वह गाड़ी में बैठा मज़े से सन्तरे खाये, उसे यह किसी भी अवस्था में स्वीकार न था। आज रिफरेशमेन्ट-रूम में सान्याल और बोस पूरा केक ख़त्म कर गये थे। पर उसने तो एक कप चाय भी न पी थी। अब प्लेटफार्म से आती हुई खोंमचेवालों की आवाजें उसके दिमाग़ पर बुरी तरह हथौड़े चला रही थीं।

सिख सिपाही अपनी पगड़ी पर हाथ फेरता हुआ आस-पास के लोगों का ध्यान अपनी ओर खींचने का यत्न कर रहा था। वह कह उठा—"हम लोगों को सबसे ज़्यादह दो फूलवाले तंग करते हैं।"

सान्याल और बोस चौंक कर बोले—"अजी ये दो फूल वाले क्या बला हैं?"

उस समय सिख सिपाही सान्याल और बोस से ज्यादह बातें न करना चाहता था, क्योंकि वह सोच रहा था कि ये कैसे अजीब आदमी हैं जिन्हें जिन्दा शरीर से भी मुर्दा माँस की सड़ाँध आती है। हमें तो कभी महीने-महीने के मरे हुए आदमियों से भी ऐसी बदबू नहीं आती। पर यह देख कर कि आख़िर वे उसकी बात में दिलचस्पी दिखा रहे हैं, वह कह उठा—"ये लोग जो बी.ए., एम.ए. पास करके अपने कोट पर दो फूल लगा लेते हैं और फ़ौज में भर्ती हो कर लफ़्टैन बन जाते हैं, वे बन्दूक

उठाना भी तो नहीं जानते। वे सिर्फ़ क़लम और हुक्म चलाना जानते हैं।"

परितोष ने सोचा—क्या ख़ूब! कलम और हुक्म अर्थात दो फूल। उसे ध्यान आया कि इस सिपाही से पूछे कि आसामियों को उसने कैसा पाया और क्या आसाम में भी उसकी किसी कवि से भेंट हुई थी। पर यह सोच कर कि दो फूल वालों ने उसे कब यह आज्ञा दी होगी कि वह मोर्चे के काम से अवकाश के क्षणों में आसामियों से मेल-जोल बढ़ाये, वह चुप बैठा रहा।

बीमार के चेहरे पर बराबर मक्खियाँ भिनभिना रही थीं जिन्हें वह कमज़ोर हाथों से उड़ाने का असफल प्रयत्न किये जा रहा था। उसका साथी न जाने किस सोच में गुमसुम बैठा ऊँघ रहा था।

परितोष ने सोचा कि सान्याल और बोस भी तो दो फूलवाले हैं और बी.ए., एम.ए. पास करने के कारण तो मैं भी दो फूल वाला कह ला सकता हूँ। पर मेरी तो केवल क़लम चलती है। उनके हुक्म ने मेरी कलम को खरीद लिया है। मेरे गीत अब उनकी जायदाद हैं। चाहे मैं पिंजरे में फँसे हुए नये पंछी के समान लाख फड़फड़ाऊँ। इससे क्या लाभ?

बीमार ने फिर हाथ-पैर हिलाये। मक्खियाँ बराबर भिनभिना रही थीं। अब जैसे उसकी ओर कोई देखेगा भी नहीं। सबने मुँह फेर लिया था। पर परितोष और सिख सिपाही की निग़ाहें बार-बार बीमार की ओर उठ जातीं। वे उसकी सहायता करना चाहते थे। परितोष ने सोचा—यह सिपाही तो इतना भी कर सकता है कि अब छुट्टी पर घर जाने के बजाय इस बीमार को गाड़ी से उतार कर किसी हस्पताल में ले जाये और जब तक यह अच्छा नहीं हो जाता अपनी छुट्टी में वृद्धि कराता रहे, पर मैं तो इतना भी नहीं कर सकता।

सान्याल ने बीमार की ओर घृणा से देखते हुए कहा—"इस उमस में हम मरे जा रहे हैं और अभी न जाने यह गाड़ी कब तक रुकी रहेगी।" सचमुच उसका उमस से इतना बुरा हाल नहीं हो रहा था जितना कि उस जिन्दा लाश की मौजूदगी से। वह चाहता था कि यदि कुछ और नहीं हो सकता तो यह जरूर होना चाहिए कि उसे सामने की सीट से उठवा दिया जाय।

उमस से बचने के लिए भारी-भरकम पेन्शनयाफ़्ता एक सचित्र मासिक से अपने मुँह पर पंखा करने लगा। उसने मासिक को उलटा पकड़ रखा था। परितोष को यों लगा जैसे यह आदमी दो फूलवालों का भी दो फूलवाला है और उसने इस मासिक को नहीं बल्कि बंगाल को उलटा पकड़ रखा है।

सान्याल बोला—"बोस! कोई ऐसा कानून नहीं बना जिसके अनुसार गन्दे बीमारों को गाड़ी में यात्रा करने से रोका जा सके—" वह कुछ और भी कहता पर सहसा गाड़ी के चल पड़ने से उसकी बात अधूरी ही रह गई।

सबने सन्तोष का साँस लिया। बीमार ने भी इधर-उधर हाथ-पाँव हिलाये। मक्खियाँ भी कुछ देर के लिये उसके मुँह से उड़ गईं। पर थोड़ी देर बाद वे फिर उसके मुँह पर भिनभिनाने लगीं।

शायद मक्खियाँ मौत की रट लगा रही थीं, पर बीमार अभी मरना नहीं चाहता था। अभी तो उसका विचार था कि उसका ख़ून काफ़ी गरम है और उसकी हड्डियाँ भी चलने-फिरने के योग्य हो सकती हैं। हाँ, मक्खियाँ उसे बराबर विश्वास दिलाए जा रही थीं कि अब जीने की लालसा व्यर्थ है।

परितोष ने एक और करवट ली और वह सोचने लगा कि सचमुच बंगाल ही नहीं, सारा हिन्दुस्तान ऐसा ही एक मरीज़ है।

भारी-भरकम पेन्शनयाफ़्ता ने रूमाल से मुँह पोंछ कर नया सिगरेट सुलगाया और वह मासिक के आवरण की सुन्दरी को निहारने लगा।

फ़ौजी सिपाही युद्ध की बातें भुला कर घर की बातें ले बैठे थे। उन्हें विश्वास था कि गाड़ी अकाल-पीड़ित बंगाल से गुज़र कर उन खेतों में पहुँच जायेगी जहाँ आज भी सुनहरी बालियाँ ख़ुशहाली का सन्देश सुनाती हैं।

बीमारी का साथी बराबर सिर घुटनों में दबाये बैठा ऊँघे जा रहा था। शायद वह मक्खियों से भयभीत था और सोच रहा था कि यही एक दिन मेरे मुख पर भी भिनभिनायेंगी।

सिख सिपाही ने उसका कन्धा झँझोड़ कर कहा—"कहाँ जाओगे तुम लोग?"

उसने जैसे सपने से चौंक कर सिपाही की ओर देखा और जब सिपाही ने फिर एक बार अपना प्रश्न दुहराया तो वह कह उठा—"रंगपुर।"

"रंगपुर?...रंगपुर तो अब नजदीक ही होगा।"

पर उसके बाद उसने सिपाही की ओर इस तरह देखा जैसे कह रहा हो—तुम्हें हमारी क्या फ़िकर पड़ी है? तुम तो आराम से बैठे हो।

परितोष अपने विचारों में मग्न सोच रहा था कि यह देश कितना विशाल है। पर यह गुलाम क्यों है? यह गुलाम है, इसीलिए आज यह अकाल का शिकार हो रहा है। हर तरफ़ चोर-बाज़ार गरम है। हर तरफ़ कमीने, नीच नफ़ाख़ोरों की चाँदी है। उसने सारे डिब्बे को घूर कर देखा। उस समय सिख सिपाही भी मज़े से कुछ चबा रहा था। फिर उसने सोचा—शायद यह सिपाही इसलिये जा रहा है कि उसकी पत्नी

ने एक बालक को जन्म दिया है। पत्नी और बालक को देख कर वह आसाम के मोर्चे पर लौट आयेगा। वह सिपाही से कहना चाहता था कि आज तुम मुर्दा देश की रक्षा कर रहे हो, कल तुम्हारा बेटा जिन्दा देश की रक्षा करेगा।

बार-बार परितोष की निग़ाहें उस बीमार की ओर उठ जाती थीं। सिपाही के बाद वही दूसरा व्यक्ति था जिसे बीमार से घिन नहीं आ रही थी।

भारी-भरकम पेन्शनयाफ़्ता ने जाने क्या-क्या फैसले करते हुए कहा—"सरदार साहब! वह दो फूलवालों की बात तो बिलकुल ग़लत मालूम होती है। शिक्षा तो बुरी चीज़ नहीं।"

सिख सिपाही एकदम हँस दिया और बोला—"छोड़ोजी, बी.ए., एम.ए. ही तो फूलवाले नहीं। दो फूलवाले तो हर जगह मौजूद हैं। अदालत के मुन्शी और चपरासी, गाँव के पटवारी, ज़मींदार के गुमाश्ते ओर पुलिस वाले—ये लोग भी तो दो फूलवाले हैं।"

भारी-भरकम पेन्शनयाफ़्ता के चेहरे पर मुस्कान थिरक उठी, जैसे कह रहा हो—धन्यवाद, कम-से-कम मुझे तुमने दो फूलवालों में शामिल नहीं किया।

फ़ौजी सिपाही अब सीटियाँ बजा रहे थे, जैसे प्रत्येक क्षण के पश्चात वे अपने घरों के समीप पहुँचते जा रहे हों। बन्दूकों से उठती हुई सनसनाती आवाजों की बजाय अब कोमल-सुकुमार कलाइयों पर खनकती चूड़ियों की कल्पना उनकी आँखों में नशा पैदा कर रही थी।

सान्याल ने सरपरस्ताना अन्दाज़ में कहा—"बोस ! परितोष अपना मूल्य नहीं बता सकता। वह रत्न है। रत्न का मूल्य जौहरी ही जानता है।"

बोस ने एक बार परितोष की आँखों में झाँकने का यत्न किया कि उस पर क्या प्रभाव हुआ। पर वह तो गुमसुम बैठा था। सान्याल ने फिर शह दी—"परितोष के गीत लाजवाब हैं।"

बोस कह उठा—"मुझे तो उसके लिखे हुए अकाल के गीत ही सबसे ज्यादह पसन्द हैं। यह हमारे देश के दुःख-दर्द का इलाज हैं। ज़रा इन्हें प्रकाशित तो होने दीजिये, फिर हम इन्हें अंग्रेज़ी में भी प्रस्तुत करेंगे।

"हम परितोष को नोबेल पुरस्कार दिलायेंगे।

"एक ही शर्त पर कि एक लाख बीस हज़ार की रकम हमारे 'सोनार बांगला साहित्यतीर्थ' की निधि में आ जाये। रविबाबू ने भी तो अपना पुरस्कार शान्तिनिकेतन को दे दिया था। परितोष भी त्याग कर सकता है।"

"त्याग का क्या मतलब, बोस? परितोष हमारा भाई है।"

बोस ने अब फिर परितोष के चेहरे पर इस वार्तालाप की प्रतिक्रिया देखने का यत्न किया और फिर न जाने क्या सोच कर उसकी पीठ थपथपाने लगा और कहता गया—"परितोष! तुम्हारे गीत हमारे गीत हैं।"

परितोष ने चौंक कर अपने प्रकाशकों की ओर देखा और फिर जिन्दा लाश की ओर। जैसे वह अपने कदरदान प्रकाशकों से कहना चाहता हो—ऐसी ही एक लाश पर भी तो मेरा एक गीत है।

बोस कहे जा रहा था—"तुम्हारे गीतों पर संसार गर्व करेगा, परितोष! इनका प्रकाशन तथा प्रसार हमारा काम है।"

परितोष के जी में तो आया कि अपने प्रकाशकों को साफ़-साफ़ कह दे कि वह अपने गीत प्रकाशित करवाना नहीं चाहता, क्योंकि गीतों से अकाल नहीं मिट सकता और यह तो ऐसे ही जैसे कोई मुर्दे के कान में ढोल बजा कर यह आशा करे कि वह जी उठेगा।

सान्याल और बोस खिड़की से क्षितिज की ओर देखने लगे। कदाचित वे 'सोनार बांगला साहित्यतीर्थ' के उज्ज्वल भविष्य के स्वप्न देख रहे थे। परितोष को विद्यार्थी-जीवन याद आ गया जब वे तीनों साथ-साथ पढ़ते थे। उसे कभी विचार न आया था कि वह रोटी के लिए अपने साथियों का मुहताज हो कर रह जायेगा। उसके मन में यह विचार बिजली के कौंधने के समान पैदा हुआ, उनसे साफ़-साफ़ कह दे—मेरे गीत मुझे वापस दे दो। मैं उन्हें किसी भी मूल्य पर तुम्हें नहीं दे सकता। मैं कवि भी नहीं बनना चाहता। मैं अब अपने लिये कोई नया रास्ता तलाश करूँगा, पर फिर उसके मन में देश के महाकवि के शब्द गूँज उठे—परितोष के गान सदैव जीवित रहेंगे...वह चिढ़ गया। वह कुछ फैसला न कर सका।

बीमार के चेहरे पर मक्खियाँ जैसे जम गई हों। मालूम होता था कि ये मक्खियाँ नहीं, चेचक के दाग़ हैं। सबसे पहले उन्होंने ही बीमार की मौत को आते देख लिया था। जिन्दा लाश मुर्दा में पविर्तित हो रही थी। उसके साथी ने उसके सिर को जाँघ पर रखते हुए चिल्ला कर कहा—"दादा!—दादा!—"

जिन्दा लाश ने दम तोड़ दिया।

लोग घबरा गये। कुछ युवकों को तो इतना क्रोध आया कि उठ कर लाश को चलती गाड़ी से नीचे फेंक दें। पर वे लाश को छूना भी तो नहीं चाहते थे।

लाश के साथी ने रोते-रोते अपनी जेब से एक टिकट निकाल कर स्वर्गीय दाद

की जेब में डाल दिया। वह रो-रो कर कह रहा था—"मेरे पास कुछ नहीं। मुझे बचाओ। भगवान के लिये दादा को अगले स्टेशन पर ही उतरवा दो।"

सिख सिपाही हैरान होकर बोला—"तो रंगपुर कौन जायेगा?"

लाश का मुँह खुला हुआ था, जैसे वह कुरूप मरीज़ मर कर भी यह कहना चाहता हो—मैं जिन्दा हूँ। मैं जिन्दा रहूँगा।

परितोष सोचने लगा कि यह देश कभी नहीं मर सकता। इसकी छिपी हुई शक्तियाँ कभी ख़त्म नहीं होंगी। मेरे गीत इन्हीं शक्तियों के परिचायक हैं।

लाश का साथी रो-रो कर कह रहा था—"मुझे बचा लो। मुझे पुलिस पकड़ लेगी। पुलिस मुझे पीटेगी। मैं मर जाऊँगा। वे मेरा ख़ून पी लेंगे।"

परितोष ने उसके पीले चेहरे की ओर देखते हुए सोचा कि इस पीड़ित व्यक्ति के शरीर में और कितना ख़ून बाक़ी होगा। फिर सान्याल और बोस की तरफ़ देखते हुए वह बोला—"मेरे गीत तो जब प्रकाशित होने होंगे, हो ही जायेंगे। आओ, इस आदमी की सहायता करें।"

पर सिख सिपाही के अतिरिक्त किसी ने उसकी हाँ में हाँ न मिलाई। सिख सिपाही ने लाश के साथी को समझाया कि वह अगले स्टेशन पर गाड़ी रुकते ही किसी दूसरे डिब्बे में चला जाय और वह सामने से यों आभार मानती हुई आँखों से देखने लगा जैसे कह रहा हो—मुझे इस सहायता की बहुत पहले से आशा थी।

ज्योंही गाड़ी अगले स्टेशन पर रुकी वह लपक कर नीचे उतर गया और न जाने कहाँ गुम हो गया।

फिर भारी-भरकम पेंशनयाफ़्ता एक थानेदार को बुला लाया। लाश के सम्बन्ध में जाँच करने के लिये गाड़ी थोड़ी देर के लिये और रुक गयी। सिपाहियों को आवाज़ें दी जा रही थीं। बड़ी कठिनाई से दो सिपाही मौक़े पर हाज़िर हुए। सिपाही भंगियों को आवाजें देने लगे। पर वे न जाने कहाँ गायब हो गये थे।

सिख सिपाही परितोष के कान के पास मुँह ले जा कर बोला—"ये सब दो फूलवाले हैं।"

परितोष ने सिख सिपाही की बात सुनी-अनसुनी करते हुए सान्याल से कहा—"आओ, हम लाश को कन्धा दें।"

"हम ल़ाश को कन्धा दें? सान्याल ने नाक सिकोड़ते हुए हा, "यह काम तो कुली बहुत आसानी से कर सकते हैं।" "कुली?" बोस ने चिढ़ कर कहा पर पैसे कौन देगा?"

भारी भरकम पेंशनयाफ़्ता ने कहा—"ये लोग मरते समय इतना पैसा भी तो नहीं

छोड़ जाते कि कुली के पैसे चुकाये जा सकें।"

लाश जैसे हँस रही थी और उसके ख़ामोश कह-कहे इस वातावरण में अजब फ़बतियाँ कस रहे थे। जैसे वह कुरूप मरीज़ कह रहा हो—मैं चाहूँ तो उठ कर ख़ुद भी प्लेटफार्म पर लेट सकता हूँ। मुझमें अभी इतनी ताक़त बाक़ी है।

सिख सिपाही कह उठा—"मोर्चे पर मैंने सैकड़ों लाशें उठाईं। यह भी अपने भाई की लाश है। और यह कुछ वजनी भी तो न होगी।"

परितोष अपनी जगह से उठ कर खड़ा हो गया। और उन्होंने लाश उठा ली।

वे लाश को प्लेटफार्म पर रख कर उसके सिरहाने और पायतें खड़े हो गये। लोग जमा हो रहे थे। तरह-तरह की बातें होने लगीं। थानेदार, स्टेशनमास्टर और गार्ड लोगों को लाश से परे रहने का आदेश दे रहे थे। सिपाही भंगियों को लेकर अभी तक नहीं पहुँचे थे।

परितोष और सिख सिपाही की ओर लोग यों घूर रहे थे जैसे वे ही सचमुच इस इन्सान की मौत के लिए जवाबदेह हों। तरह-तरह की आवाज़ों को चीरती हुई गार्ड की व्हिसल एक प्रतिरोधपूर्ण चीख़ के समान गूँज रही थीं। उस समय बिजली के कौंधने के समान घरवालों के चेहरे सिख सिपाही की आँखों में फिर गये और वह लपक कर गाड़ी में जा बैठा।

परितोष लाश के सिरहाने खड़ा था। भयानक साये दिये की लौ को निगल चुके थे। मौत ने लोरी गा दी थी। शायद वह सोच रहा था कि वह दिया दुबारा रोशन किया जा सकता है और मौत की लोरी को झुठलाना भी कठिन नहीं।

सान्याल ने खिड़की से मुँह निकाला और चिल्ला कर कहा—"यह तो केवल एक लाश है। परितोष, हमारा देश तो ऐसी लाखों लाशों से पटा पड़ा है।"

बोस जो उस समय गाड़ी से उतरने के अन्दाज़ में खड़ा था, अपने हाथ में अकाल के गीत की पाण्डुलिपि सँभालते हुए रुँधे हुए गले से बोला—"तुम्हारे गीतों से इन लाशों का इलाज हो जायेगा। परितोष, तुम आ क्यों नहीं जाते?"

गार्ड ने आख़िरी व्हिसल दी और गाड़ी चल दी। सान्याल और बोस बराबर परितोष को पुकार रहे थे। सहसा परितोष के पैर गाड़ी की ओर उठे, जैसे वह भाग कर सान्याल के हाथों से अकाल के गीत की पाण्डुलिपि छीन लेना चाहता हो। पर दो क़दम चल कर ही वह रुक गया। उसे ध्यान आया कि उसकी सर्वश्रेष्ठ रचना प्लेटफार्म पर उसके पैरों में निश्चल और गतिहीन पड़ी है और उसे इस चेतनाहीन गीत के ठण्डे शरीर को अपना गरम ख़ून दे कर गरमाना है। और अगले ही पल वह उड़ने के लिये उत्सुक सारस के समान बाँहें फैलाये हुए उस लाश पर झुक गया।